スッキリ図解

介護 事故・トラブル

小林 彰宏 監著
（日本介護福祉士会理事）
介護リスクマネジメント
研究会 著
大坪 孝行 編集
（株式会社アンサーブ）

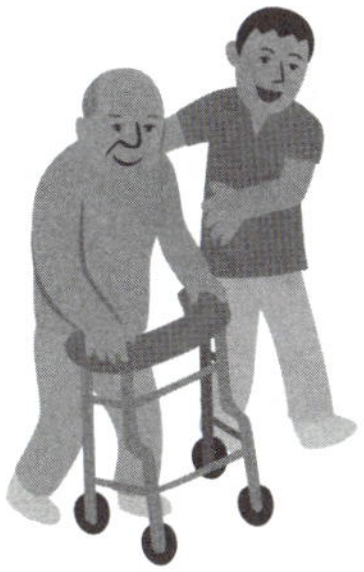

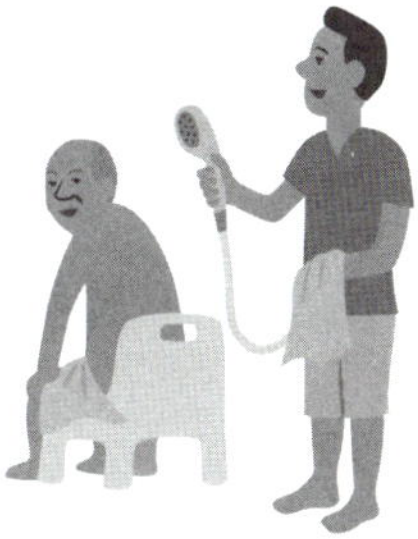

SE
SHOEISHA

本書内容に関するお問い合わせについて

このたびは翔泳社の書籍をお買い上げいただき、誠にありがとうございます。弊社では、読者の皆様からのお問い合わせに適切に対応させていただくため、以下のガイドラインへのご協力をお願い致しております。下記項目をお読みいただき、手順に従ってお問い合わせください。

●ご質問される前に

弊社Webサイトの「正誤表」をご参照ください。これまでに判明した正誤や追加情報を掲載しています。

正誤表　　http://www.shoeisha.co.jp/book/errata/

●ご質問方法

弊社Webサイトの「刊行物Q&A」をご利用ください。

刊行物Q&A　　http://www.shoeisha.co.jp/book/qa/

インターネットをご利用でない場合は、FAX または郵便にて、下記“愛読者サポートセンター”までお問い合わせください。

電話でのご質問は、お受けしておりません。

●回答について

回答は、ご質問いただいた手段によってご返事申し上げます。ご質問の内容によっては、回答に数日ないしはそれ以上の期間を要する場合があります。

●ご質問に際してのご注意

本書の対象を越えるもの、記述個所を特定されないもの、また読者固有の環境に起因するご質問等にはお答えできませんので、あらかじめご了承ください。

●郵便物送付先およびFAX番号

送付先住所　〒160-0006　東京都新宿区舟町5
FAX番号　03-5362-3818
宛先　（株）翔泳社 愛読者サポートセンター

●免責事項

※本書の内容は2016年2月現在の法令等に基づいて記載しています。
※本書に記載されたURL等は予告なく変更される場合があります。
※本書の出版にあたっては正確な記述に努めましたが、著者および出版社のいずれも、本書の内容に対してなんらかの保証をするものではなく、内容やサンプルに基づくいかなる運用結果に関してもいっさいの責任を負いません。
※本書に記載されている会社名、製品名は、一般に各企業の商標または登録商標です。
※本書ではTM、®、©は割愛させていただいております。

はじめに

介護業界は今後発展すると言われていますが、超高齢社会・介護人材不足・介護保険料問題・虐待問題・介護施設の閉鎖など、さまざまな問題を抱えていることも事実だと思います。

士業と起業家のコンサルを主業務として行っている私が介護の世界を知ったのは、約3年前のことです。介護施設を運営されている方とお会いし、介護業界の実態についてお話をお聞きしました。それが最初でした。その後、その方と情報交換をさせていただく中で、介護業界には多くの問題が内在していることがわかってきました。

それからも、介護サービス事業を運営されている方とお会いする機会が増え、お話しする中で、私が最初に抱いた疑問「介護現場では重大事故やトラブルのリスクがこれほどに高い一方で、現場の方々はあまりに知識がなく、あまりに無防備ではないのか?」は確信に変わってきました。何か大きな問題や事故が起きた時に知識がなければ、事業も職員も守ることができません。

そこで、主に介護サービス事業の経営者や管理者、現場のリーダーの方を対象として、介護事故やトラブルに関して法的な側面から知っておくべきポイントを一冊の本にまとめられないかと考え、今回の出版に至りました。

今までも数々のセミナーや講演会にお呼びいただき、「介護職員が知っておきたい法律知識」や「介護職員の為の法律」などのテーマで講演をしますと、その反響はかなり大きなものでした。今回、そうした過去のセミナーで取り上げた「転倒」「誤嚥」「入居時のトラブル」など――これらは実際に事故やトラブルの多いものですが――の話や、質問の多かった刑事事件と民事事件の違いといった話などを、わかりやすい事例や実際の裁判例などを交えて、できるだけ易しくわかりやすく解説しました。

介護事業の経営、そこで働く職員とその人生、またサービス利用者の身体やプライバシーなどに対し、それぞれ責任や義務を負っている皆様に、最低限知っておいていただきたい知識をまとめた一冊になっております。今後の事業所運営のお役に立てていただければ幸いです。

2016年3月

株式会社アンサーブ　代表取締役　大坪孝行

第2章 事故・トラブルを防ぐポイント 37

第3章 それでも事故が起きたら 149

第1章

介護業界が抱える事故・トラブル

介護事故を起こしてしまったとき、どのような対応を取ればよいのかご存じですか？　警察が関与したら？　もし裁判になったら？　行政の立ち入り監査があったら？

介護事故や介護トラブルは増加傾向にあります。いつ、あなたや事業所が事故やトラブルに巻き込まれるかわかりません。職員や自身を守るため、最低限の知識や危機管理意識をしっかり身につけましょう。

1 介護現場で発生している事故とは？

平成26年に80名の利用者が介護事故で死亡しました。（B県データより）

事業所で次のことが起きていないかどうか、こうした報告が職員から上がっていないか、少し考えてみてください。

・ちょっと目を離したら利用者が転倒していた
・風邪だと思っていたら、誤嚥性肺炎だった
・目を離した隙に利用者がいなくなっていた
・利用者の手首を握ったらアザができた
・スタッフが咳をしながら勤務していた
・スタッフがゴム手袋を交換しないで介護を続けた
・素手で介助をした後水で洗っただけだった　等

こうした日々の〝ありがち〟なことを、そのまま放置しておくと後々大変な問題となる可能性があります。

では、現場ではどんな問題が起きているのか

主に次の事故・トラブルが起きています。

- **転倒・転落事故**…B県のデータによると、転倒・転落事故が全体の約70％を占めています。また、このうち50％以上が骨折の原因になっています。
- **行方不明**…年間約1万人が「認知症」で行方不明になり、このうち約350人が亡くなっています。この責任の所在は、これからますます大きな問題になっていくと考えられます。
- **表皮剥離・あざ**…高齢者は些細なことで体や手首等に「あざ」ができます。ゆっくりと優しく丁寧に細心の注意を払ってケアすることが必要です。
- **感染症**…インフルエンザ、ノロウイルス、食中毒、疥癬などの感染症は、注意をしていても発生します。一定条件のもと、行政や保健所等に報告の義務がありますから覚えておきましょう。
- **交通事故**…送迎時の事故が急増しています。自動車学校が事業所向けに研修を行う県もあります。

日常的なヒヤリ・ハットに重大な事故が隠れている

介護現場だけではなく、さまざまな労働現場で起こる事故や災害について考えるとき、有名な「ハインリッヒの法則」が参考になります。これは、アメリカの損害保険会社で技術・調査部副部長をしていたハーバート・ウィリアム・ハインリッヒ（Herbert William Heinrich）（1886年〜1962年）が、1929年11月に「労働災害の発生確率」を分析した結果を論文として発表したものが広く知れわたるようになったものです。「1：29：300の法則」と呼ばれます。

1件の重大事故が起きるには29件の軽微な事故があり、その29件の軽微な事故が起きるには、300件のヒヤリ・ハットの場面が存在するというものです。

B県では、平成26年に約4000件の事故が発生しましたが、うち約80件が死亡事故として報告されています。これは、ハインリッヒの法則に則ると、すなわち介護現場で1件の死亡事故が起きた背後には、29件の軽微な事故があり、さらには300件のヒヤリ・ハットが起こっているということにほかなりません。

逆に捉えれば、日常的なヒヤリ・ハットに気づいて適切な対応をしておけば、大きな事故を防いで、利用者の命を守ることができる、ということができます。

このようなヒヤリ・ハット対策を行うことを「リスクマネジメント」と呼びます。いかに危険を回避するかという考え方ですが、これからの介護現場はリスクマネジメントの概念を理解することがとても重要になってきます。

ハインリッヒの法則

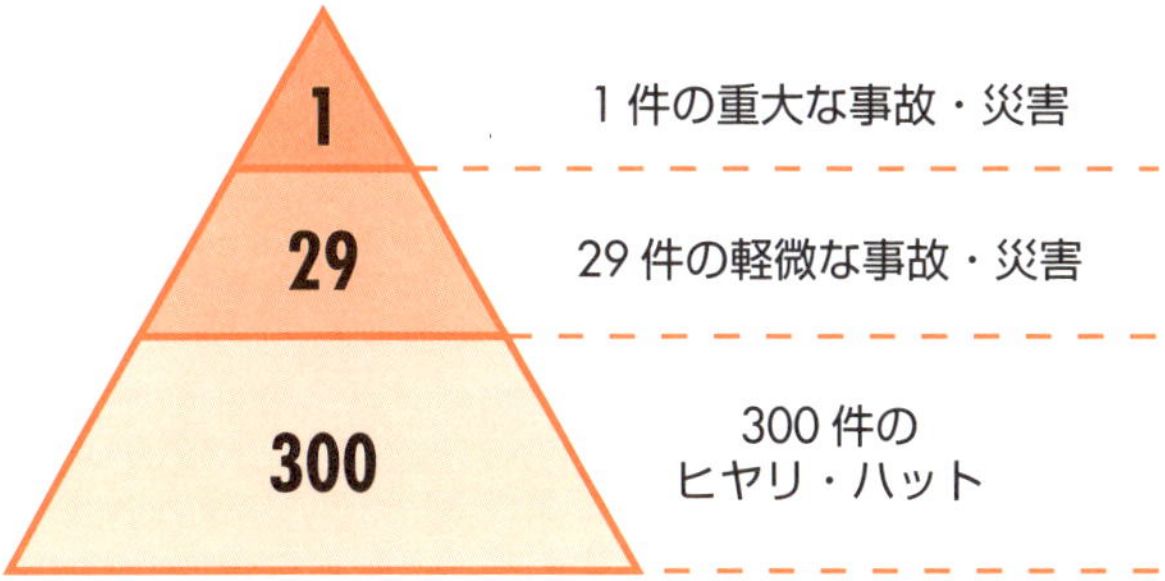

2 現場ではどんなトラブルがよく起きている？

介護は〝人が人に〟行うサービスですので、さまざまな関係性におけるトラブルが発生します。

「介護職員間」でのトラブル

たとえば、図に示した勤務態度に多く当てはまる職員がいたら注意が必要です。こうした態度が日常的に目立つ職員がいると、最初は職員間で陰口がささやかれる程度かもしれませんが、そのうちエスカレートし、嫌がらせ等のさまざまな揉めごとへと発展するケースがあります。

「利用者・家族」と「介護職員」のトラブル

重度認知症の利用者から職員が泥棒扱いされたり、利用者の身体の〝あざ〟を見た家族から虐待が疑われたりなど、利用者や家族との関係にも注意が必要です。ほかにも、職員の対応だけでは解決できない、次のようなトラブルが増えています。

- （利用者・家族から）職員が生理的に無理と言われる
- （利用者・家族から）職員がセクハラを受ける
- 介護拒否される　等

また、最近の世の中の傾向からか、個人の権利を主張するモンスター利用者やモンスター家族が多くなりました。自分の要求が通らないと、いきなり怒鳴り声を上げ、態度が急変する人もいます。いきなり家族側の弁護士から連絡が来ることもあります。

今後、要介護者は昭和の時代を牽引してきた世代の方が中心になってきますので、自己主張や権利主張の強い利用者が多くなることが考えられます。

「介護職員」と「経営陣」のトラブル

会社の方針についていけず、意欲が下がり退職する職員が非常に多いようです。その結果、人員基準にも影響を及ぼし経営に支障も出ます。現場と経営陣の普段からのコミュニケーションが大切です。

こうしたスタッフには要注意！

下記の項目に多く該当したら注意が必要！

- □ 施設長や介護職リーダーの許可なく、「手がかかって大変である」という状況を家族に話してしまう。
- □ 勝手に勤務を入れ替わる、または入れ替えが多い。
- □ 遅刻ギリギリでタイムカードを押す。
- □ 勤務終了後にだらだらと職場に残る。
- □ 挨拶や返事をしない。
- □ ほうれんそう（報告連絡相談）をしない。
- □ いつも不平不満を言っている。
- □ エプロンやユニホームを洗わない。
- □ 注意しても返事をしない。
- □ 言われたことだけしかやらない。
- □ （微熱がある等の症状があるのに）利用者本人が希望したので勝手に判断して入浴させる。
- □ 調理に時間がかかりすぎる。
- □ 業務スピードが異常に遅い。
- □ 有給の取得回数が異常に多い。
- □ 記録を適当につける。
- □ 自分の介護のやり方が正しいと思っている。
- □ 言葉使いが悪い。
- □ 態度が横柄。
- □ おしゃべりが止まらない。
- □ 要領が悪い。
- □ 乱暴。
- □ 一般常識が通じない。

トラブルの芽は、小さいうちに、気づいたときに摘むことが重要

過去働いていた職場を辞めた理由

職場の方針や人間関係でトラブルと離職率が高まる！

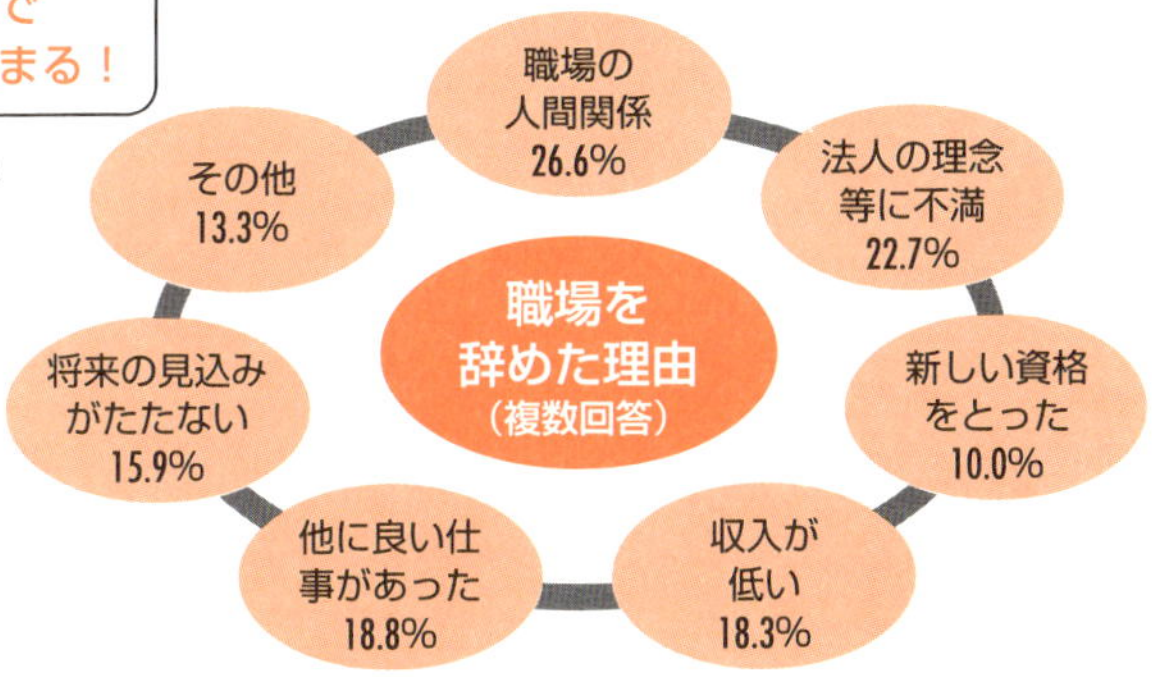

出典：介護労働安定センター

3 訴訟問題になるケースが増えてきた

訴訟問題が非常に増え、賠償金額も高額になってきました。

ここ数年、利用者や家族が事業所を相手に訴訟を起こすケースが増えています。事例は第2章でも取り上げますが、ここでも高額訴訟の事例を紹介します。

訴訟は高額化している?!

● **誤嚥による死亡の訴訟**…ある特別養護老人ホームで、認知症のため誤嚥傾向がある女性がショートステイしているとき、食事中に誤嚥を起こすという事故がありました。看護師がすぐに処置を行い、救急搬送されましたが、亡くなりました。その後、家族が施設を相手に訴訟を起こし、1400万円で和解しました。

● **水死訴訟**…介護施設で行っていた入浴介助中に、入居者が水死するという事故がありました。家族が施設を相手に「不適切な介護サービスの提供で死亡した」として訴訟を起こし、約2160万円の支払い判決が出ました。

● **転倒による死亡の訴訟**…ショートステイの利用中、利用者が夜間トイレに行こうとして転倒し、亡くなりました。家族は「施設の管理が悪い」と訴訟を起こしました。結局、裁判所は事業所に3402万円の支払いを命じました。

認知症高齢者が引き起こした損害は誰が払う?

認知症高齢者が徘徊して電車に跳ねられ亡くなるという事故があり、JR東海は家族に損害賠償訴訟を起こしました。一審名古屋地裁は720万円の支払い判決が、二審名古屋高裁では360万円の支払い判決が出されました。現在双方が上告中ですが、JR東海は今後、線路内での事故は認知症に関わらず損害賠償請求をすると言っています。

この訴訟は、今後、認知症高齢者の徘徊事故による損害を、どう司法が判断するかという点で、非常に注目が集まっています。

介護サービス利用者から多い苦情の内容は？

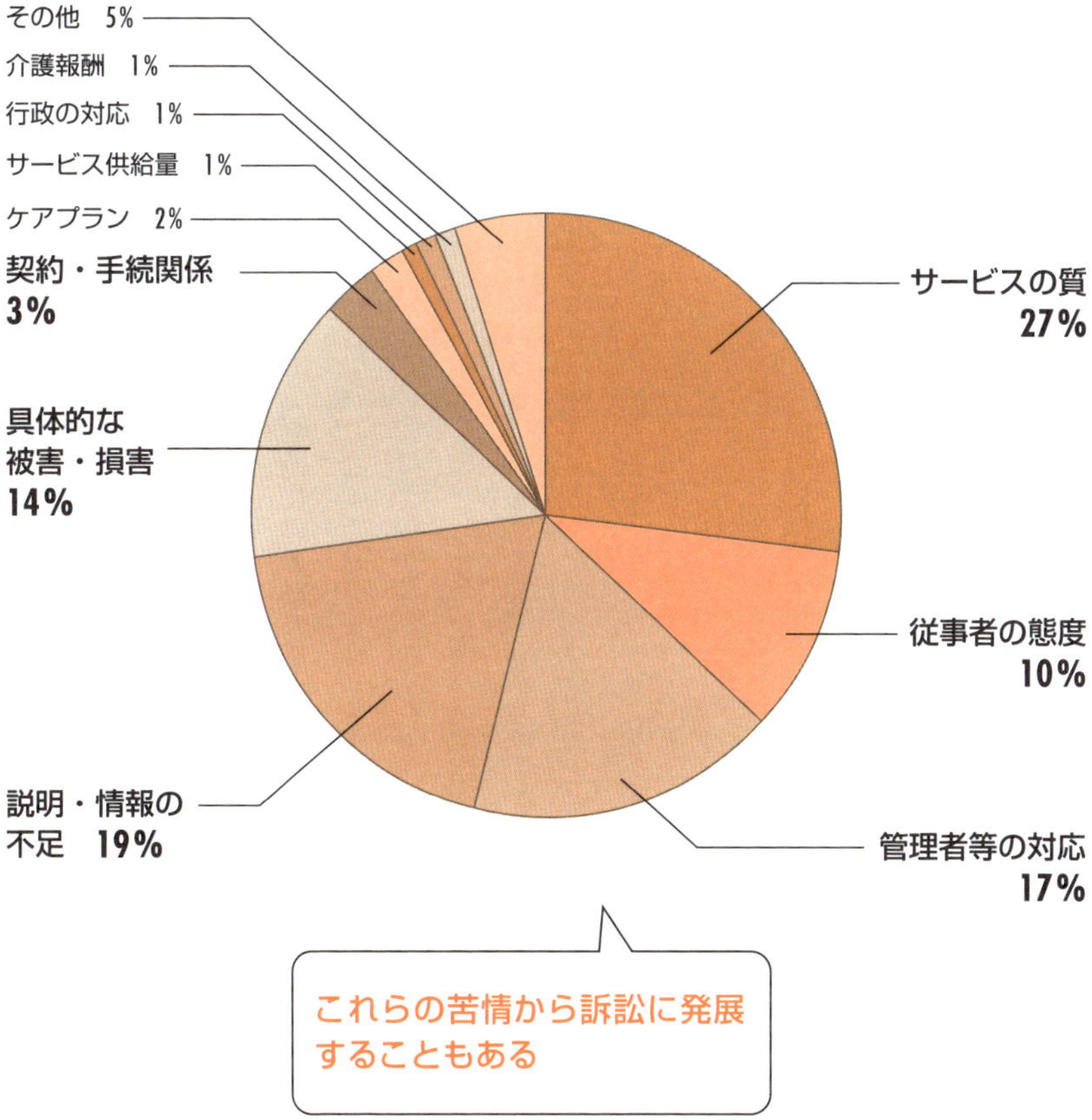

出典：公益社団法人国民健康保険中央会「国保連合会苦情申立内容別累計」（平成26年4月分～平成27年3月分／180件）

4

事故が起きたら事業所はどうなる？

重大事故が起きたら、事業所経営が悪化する恐れがあります。場合によっては指定取消しや業務停止などの行政指導になります。

事故報告書に提出義務があるって知っていますか？

次に該当する事故は、介護保険の保険者（市町村）に「事故報告書」を提出しなければいけません。

①サービス提供中に発生した重症または死亡事故
②食中毒及び感染症等の発生
③職員の法令違反・不祥事等
④その他、報告が必要と認められる事故

これは、介護保険法第23条、第24条と「指定居宅サービス等の事業の人員、設備及び運営に関する基準」第37条（事故発生時の対応）、関係省令の義務規定によって決められています。また、事故後の通院や報告の判断は、通常、事業者の判断になるので責任重大です。

行政は何をする？

事業者から事故報告書を受けた保険者は、事業所の対応の確認や都道府県などへの報告を行います。

明らかに事業者側の対応が不十分である場合や、違反、トラブル発生の可能性があると判断される場合は、必要な指導が行われることもあります。

指導が行われた場合は、事業者は再発防止のための事故改善策を速やかに提出しなければなりません。提出がなかったり基準違反のおそれがあったりする場合は監査などの強い指導に切り替わることもあります。

骨折や死亡などの重大事故が起きた場合は？

直ちに指定取消しや業務停止にはなりません。行政あるいは警察が、事故の原因は故意なのか、過失（失敗）なのか、不可抗力なのか、などの状況を調査し、その調査結果によって行政指導内容が決まります。

たとえば、職員がイライラして利用者を殴り、骨折させた場合は、本人や家族が警察に通報すると、一般的には「傷害罪」として刑事事件になります。このような場合は、職員が警察に逮捕されますが、事業所は営業を続けることができます。事業所の対応としては顧問弁護士に相談したり、職員本人や職員の家族と話し合ったりして、職員を解雇することが多いのです。

重大事故の処理は？

先の例の場合、事業所は営業を続けることができますが、職員を解雇して終了となることはまれです。というのも、骨折した利用者やその家族が、解雇された職員を相手に損害賠償金を請求したり（この場合、解雇していれば事業所には直接関係ありません）、事業所を相手に使用者責任や安全義務違反などの罪状で事業所を訴えて損害賠償金を請求したりするからです。

損害賠償金は、事業所と被害者本人・家族が協議したり、弁護士を代理人に立てたりして協議します。その結果、和解になったり、決裂して裁判になったりします。裁判になっても事業所は通常通り営業できますが、和解交渉や裁判を抱えながら、事業所を運営することは働いている職員や他の利用者や家族にも、決して良い影響を与えるものではありません。ましてや、行政指導まで行われる結果になると経営悪化という状況に傾いていくことにもなります。

事故報告の基本的な流れ

事故発生時	■事業所の事故対応マニュアルに基づき必要な措置を取る ■電話等による連絡を保険者（市町村）に入れる ■保険者は事故内容を確認し助言をする
事故処理中	■事業所は事故処理状況の報告を保険者に適宜する ■保険者は状況により都道府県や関係機関と連携をとる
事故処理の区切り	■事業所は再発防止策を検討する ■事業所は事故報告書を提出する ■保険者は事故処理対応・再発防止策の確認や助言を行う ■保険者は基準違反の恐れがある場合は都道府県と連携し、監査を実施する

3 事故の概要		□やけど　□感染症・結核　□その他（　　）
		死亡に至った場合はその死亡年月日：平成　年　月　日
	受傷原因(外傷のみ)	□転倒　□転落　□介護行為　□交通事故　□その他（　　）
	事故の内容	
4 事故発生時の対応	対処の仕方	
	治療した医療機関	（医療機関名、住所、電話番号等）
	治療の概要	
	連絡済の関係機関	
5 事故発生後の状況	利用者の状況	（病状、入院の有無、その他の利用者の状況及び、家族への報告、説明の内容）
	損害賠償等の状況	
事故の原因分析及び再発防止に向けての今後の取組み		（できるだけ具体的に記載すること）

注）記載しきれない場合は、任意の別紙に記載の上、この報告書に添付してください。

[例]

介護保険事業者　事故報告書　（事業者→市町村）

平成　　年　月　日

1 事業所の概要	法人名	
	事業所（施設）名	
	事業所番号	□□□□□□□□□□
	所　在　地	電話番号 ＦＡＸ番号
	記載者職氏名	
	サービス種類 （事故が発生したサービス）	□介護給付　□予防給付　□その他
		□居宅介護支援　□訪問介護　□訪問入浴介護　□訪問看護 □訪問リハビリ　□居宅療養管理指導　□通所介護　□通所リハビリ □短期入所生活介護　□短期入所療養介護　□特定施設入居者生活介護　□福祉用具貸与 □特定福祉用具販売　□介護老人福祉施設　□介護老人保健施設　□介護老人保健施設
		□介護予防支援　□小規模多機能型居宅介護　□夜間対応型訪問介護　□認知症対応型通所介護 □定期巡回・随時対応型共同生活介護　□複合型サービス　□認知症対応型共同生活介護　□地域密着型特定施設入居者生活介護 □地域密着型介護老人福祉施設入所者生活介護　□その他
2 対象者	氏名・年齢・性別	年齢：性別：要介護度：
	被保険者番号	□□□□□□□□□□　サービス提供開始日　年　月　日
	住　所	
	保険者名	
3 事故の概要	発生日時	
	発生場所	
	事故の種別 （複数の場合は、もっとも症状の重いもの）	□骨折　□その他の外傷　□職員の法令違反、不祥事 □打撲・捻挫・脱臼　□異食・誤えん　□誤薬、落薬、与薬もれ □切傷・擦過傷　□食中毒　□医療的ケア関連（カテーテル抜去等）

5 賠償責任は誰にあるの？

介護事業に対する賠償責任は、判例を見ると状況によってさまざまな判決が出されています。

「賠償」とは、他の人に与えた損害を償うことであり、「責任」とは、立場上当然負わなければならない義務を表します。賠償責任とは与えた損害を償う義務のことです。

事業者・利用者・介護職員の間にあるもの

介護サービス事業において賠償責任が発生する場合、そこには利用者、職員、事業者の三者が存在します。利用者を中心とするその三者間には、さまざまな義務や責任があり、債務不履行・安全配慮義務違反・注意義務違反・使用者責任などが複雑に絡みあっています。

- **事業者と利用者**…事業者側には、「債務履行義務」と「安全配慮義務」が存在します。これは二者間で準委任契約（介護サービス業務を目的とする契約形態）が交わされているからです。この契約により、事業者は契約内容を履行し、危険を予測して安全にサービスを提供するという義務が発生します。
- **介護職員と利用者**…職員側には、「安全配慮義務」と「注意義務」があります。これも準委任契約が結ばれているからです。
- **事業者と介護職員**…使用者と雇用者の関係です。使用者には「使用者責任」が存在し、介護職員が利用者に損害を与えた場合に、それを賠償する責任があります。

賠償責任を問われる場合

事業者や介護職員は、債務不履行・安全配慮義務違反・注意義務違反・使用者責任が裁判で認定されると「賠償責任」が問われることになります。特に注意が必要なのは「安全配慮義務違反」です。

たとえば、介護職員の目の前5ｍの位置で利用者が転倒骨折したり、あるいは利用者が1人で居室内に居て転倒骨折したりした場合は、安全配慮義務違反が認定されて、賠償責任が発生する可能性が高いと言えます。裁判では、職員の5m先で利用者が転倒する危険が普段の生活から予測できなかったのか、また居室で転倒する危険が普段の生活から予測できなかったのかが問われます。もし普段の生活の中で転倒していたなら、当然5m先でも居室でも転倒することが予測できたはずと判断され、責任を問われる可能性が高くなります。

建物に欠陥があった場合は？

階段の手すりが破損していたり、床のカーペットが破れていたりなどが原因で利用者が怪我をした場合、事業者に「賠償責任」が生じる可能性があります。

用語の意味を理解しよう

- **債務不履行**…………契約内容を実行しないこと
- **安全配慮義務違反**…危険を予測し防止策を怠ること
- **注意義務違反**………失敗を未然に防ぐのを怠ること
- **使用者責任**…………職員が利用者に損害を与えた責任を使用者が取ること

責任の発生を理解しよう

債務不履行または不法行為の用件に該当した	→	事業者・介護職員に、法的責任が発生
サービス利用契約書により	→	事業者に安全配慮義務が発生
職員が安全義務違反をした	→	事業者に債務不履行責任が発生
職員の故意・過失（注意義務違反）	→	介護職員に、不法行為責任が発生 事業者に、使用者責任が発生

6 介護事故を防ぐために必要なこととは？

介護事故はどのようにして起こるのでしょうか。ここでは、事故が起こるメカニズムについて解説します。

事故はなぜ起こる？

介護事故やトラブルは、主に介護職員のさまざまなミスによって起こることがわかっています。

- **判断ミス**…その場の対応を誤ったことで起こる
- **予測ミス**…1分後、3分後、5分後の予測を見誤ることで起こる
- **操作ミス**…車椅子や機械浴槽などの操作ミスで起こる

事故を防ぐには、介護職員の的確な判断力と、日常行動の情報に基づいた予測力、絶対的な技術に基づいた操作力が必要です。事故はこの3つの条件の何か1つでも欠けたり、手薄になったりすると起こります。

施設の良し悪しは、職員の質を見るとわかりますが、具体的に職員に判断力があるか、予測力があるか、操作力があるかを見れば安心安全な施設かわかります。

ヒヤリ・ハットは宝物

ヒヤリ・ハット（危険状況）と重大事故の関係についてはすでに説明しましたが、日頃のヒヤリ・ハットと対応策を記録した「記録集」は事故を防ぐためのアイテムとして、これほど有効的なものはありません。ただ、残念ながらそのことに気づいてる施設はあまり多くないように感じます。

その施設で過去に実際にあったヒヤリ・ハットを、その職員全員が熟知していれば事故を未然に防ぐことができます。事故の少ない施設には必ず、そうしたヒヤリ・ハット情報共有化の仕組みがあります。

しかし、介護職員に「ヒヤリ・ハットが多いと恥ずかしい」「自分のスキルが疑われる」などの認識があると、情報共有が難しくなります。大切なのはヒヤリ・ハットが起きた状況をデータとして共有することなのです。

ヒヤリ・ハット共通シート（例）

ヒヤリ・ハット共有シート

平成　　年　　月　　日提出

施設名		職名		職員氏名	印
利用者名					
発生日時	平成　　年　　月　　日（　　曜）　　時　　分				
発生場所					
利用者の状況					
状況の概要及び経過					
対応の結果					
今後の課題					
職場長の意見					

※回覧して下さい

記入する習慣をつけること

提出されたシートを分析し、どこにリスクがあるのか原因を探り、改善方法を職員同士で考えることが介護事故を防ぐことにつながる！

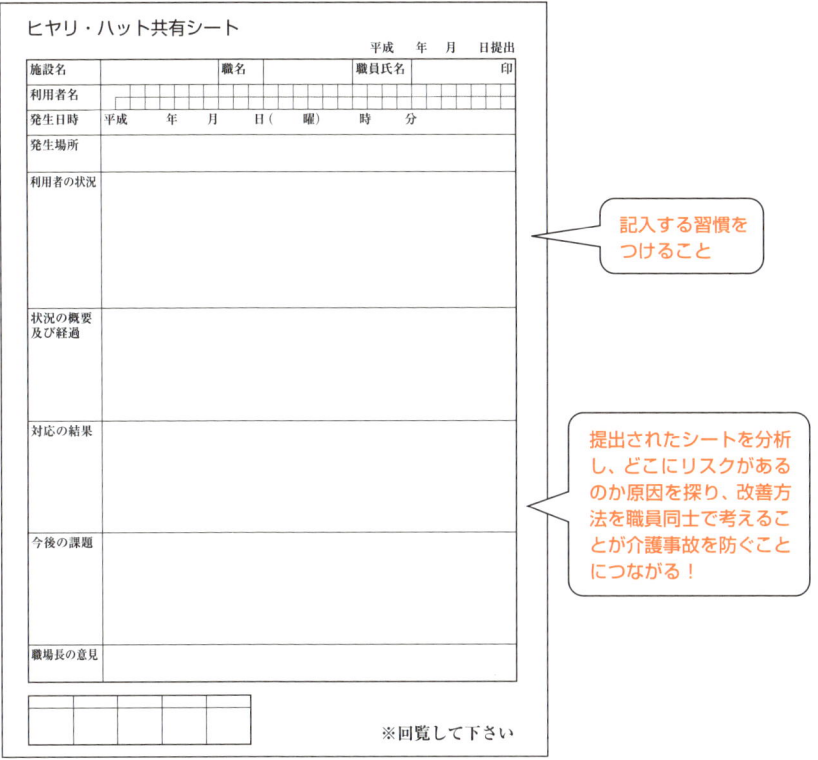

ヒヤリ・ハットの分析ポイント

人的要因	■注意力散漫になっていなかったか ■介護職員の技量はどうか ■職員の教育や指導ポイントは適切か
環境要因	■利用者の体調はどうか ■介護職員の人員は足りているか
設備・管理	■作業スペースがせまくないか ■作業手順やルールが不明瞭になっていないか

ハード、ソフトの両面から要因を分析し、根本的な対策につなげていく

7 事故・トラブルの解決に必要な対応は？

いくら注意していても介護事故やトラブルが起きてしまうことはあります。適切な対応が求められます。

まずは誠意ある行動を！

介護事故やトラブルの原因は、事業所側にある場合もあれば、利用者側にある場合もあります。しかし、どのような場合であれ、初期行動として、利用者とその家族に対して、誠意ある言葉や態度で接することが大切です。下手な言い訳で切り抜けようとすると、さらに深みにはまる可能性が高いので止めましょう。

事故発生時の対応の手順と注意点

もし重大事故・トラブルが起きたら、初期対応では、まず命を救うための緊急対応を迅速に行うことが第一です。初期対応の手順を事業所として話し合って、共有しておきましょう。

次に連絡です。連絡は必要なところへ迅速に行います。医療・家族はもちろんですが、ケアマネ、法人本部や行政等への報告を行います。このとき、主観は交えず、客観的事実を伝えましょう。

少し落ち着いたところで、事故発生から対応、収束までの流れがわかるように明確に整理しておくことも大切です。その後の事故予防・サービス向上につながったり、実地指導時で提出したり、万が一、裁判等になったときは証拠にもなります。

困ったときは弁護士に相談

事故の起きた原因や理由を説明し、それでも利用者やその家族に許して頂けなかったり金品を要求されたりした場合は、弁護士に相談しましょう。弁護士は交渉のプロフェッショナルです。事業者にとって紛争の交渉は、気が重く仕事にも影響が出ます。弁護士に依頼することで安心して仕事ができます。

事故発生時の緊急対応手順

事故発生
あわてない
冷静に

↓

状況把握
■状態の観察
■連絡係の設定

できるだけチームで対応するなどして、役割分担をする

↓

応急処置
■救急車の要請

救命講習の受講など普段から訓練をしておこう

↓

救急隊に状況や処置内容を伝える

緊急連絡先や病歴、くすり情報など、ひとまとめにしておくと安心

事故発生時の報告と改善に向けての流れ

事故発生
↓
事業所に報告
緊急対応
↓
関係者へ報告
医療・家族
↓
関係機関に報告
ケアマネ・行政
↓
事故報告書の作成
↓
検証
↓
家族や行政に検証結果を報告
↓
報告書に連絡、対応を追加記載
↓
業務・サービス
ケアプランの見直し
↓
報告書に収束までの経過を記載

誠意ある行動をとる

迅速かつ適切な初期対応が大切！

誠意ある謝罪

■迅速に
■少なくとも当日中に

状況説明

■曖昧な言葉や表現はなるべくさける
■主観を交えない
■客観的事実を示す

今後の対応説明

■いつまでに何をどのように

再度の誠意ある謝罪

■相手の心情に配慮した言葉選び

8 対人以外の事故やトラブル

事故以外に、介護職員が利用者の私物を壊したり失くしたり、ということもあります。物損・紛失は未然に防ぎたいものです。

マイナンバー制度がはじまりました。私たちが取り扱うのは物だけではありません。利用者の個人情報が紛失・流出すると大きな責任を問われ、信用が失墜することになります。

物損・紛失では何に注意する？

介護職員がいくら注意していても、介護中に利用者のお茶碗を割ったり入れ歯や眼鏡を壊したりしてしまうことはどうしてもあります。

万一壊してしまったら、「形あるものは、いつかは壊れる」と自身の心の中で唱えつつも、利用者には誠意をもってしっかりと謝罪しましょう。その時に大切なのは、すぐに職場や家族に報告をすることです。また、そうできる体制や仕組みづくりです。後から物損や紛失が発覚した場合、情報隠蔽と疑われ、当該の職員はおろか、事業所自体の信用を落とすことになりかねません。

介護保険利用者の個人情報の取り扱いは？

介護事業者が取り扱う介護度や病歴などは、個人情報の中でも機密レベルの高いといわれるものです。

もし、介護福祉士が情報を漏えいした場合は、「社会福祉士及び介護福祉士法」により、1年以下の懲役または50万円以下の罰金が科せられます。また事業所は、利用者との間の契約上の秘密保持義務違反に該当し、債務不履行として損害賠償金を請求されるかもしれません。

いつ、なんどき、日常の何気ない会話や、書類の管理の不備等でいつ情報が漏えいしないとも限りません。

個人情報の取り扱いについては、事業所内でルールを定めておく必要があります。

物損・紛失を未然に防ぐには

物損の原因

- 品物の老朽化
- 扱いの不慣れ
- 使い方の理解が不足
- 取り扱いが雑

＋

紛失の原因

- 注意力散漫
- 煩雑な管理
- 置き場所がきまっていない

→

未然に防ぐには？

- 丁寧に取り扱う
- 整理整頓
- 決められた場所に置く
- 使い方を熟知する
- 点検（老朽化を含め）

個人情報漏えい防止対策

帳票類の取り扱いのルール

- 施錠できる書庫、引き出しに保管
- ファックスや郵送の送信に注意
- 持ち出しは最小限にして、管理簿等で管理する
- 破棄する際にも裁断、焼却等適当な方法により処分する
- パスワードやセキュリティシステム設定によりパソコン等からの流失を防止する

書類を出しっぱなしにしていると、外から来た部外者や利用者が目にする可能性がある

現場での対応

- 相談・面接を行う際は、話している内容がもれないように配慮する
- 電話での個人情報の問い合わせには最新の注意をする
- 他の利用者や家族、部外者のいるところで個人情報にかかわる話をしない

バス・電車や、公共の場での会話に注意

職場外でのルール

- 職場外では利用者の話をしない
- 職場を辞めた後も個人情報をもらしてはいけない
- 事例検討などを職場外で使用する場合は、本人家族の了承を得て、個人が特定できないように配慮する

9 利用者間で起こるトラブルは？

利用者にはいろいろな人がいます。認知症高齢者とのトラブルや利用者間にできる派閥などもやっかいです。

妬《ねた》み・嫉《そね》み・嫌みという3つの「み」

利用者からよく出るクレームには図のものがあります。利用者は介護職員をよく見ています。皆に同じように接しているつもりでも、対応のほんのわずかな差が利用者の心に「妬み・嫉み」を生み、それを介護職員や他の利用者への「嫌み」という形で表現したりします。この3つの「み」は、トラブルの芽になりがちです。声がけひとつも嫉妬の原因になったりします。

不快感というやっかいなもの

利用者は、趣味も性格も人生の背景も、全く異なる者同士が、たまたま同時期に介護が必要になったという理由で、デイサービスで長い時間を過ごしたり、あるいは老人ホームなどでは24時間一緒に生活したりするので、当然トラブルも起こりがちです。そして、その原因は、他者への不快感からクレームになるものがほとんどです。

特に認知症の利用者は、理性が低下することで不快を感じやすくなるようです。不快感をクレームとして訴えるかどうかは、利用者の性格やまた気分によっても変わってきますが、職員は日頃から利用者の性格や人格を観察しておく必要があります。

妄想という症状もよく見られる

認知症の高齢者は妄想の症状があります。これは現在薬では治りません。一般的な妄想の症状は、介護職員に対してだけではなく、他の利用者や他の家族に向かうこともあります。

利用者間のトラブルは初期対応が非常に大事です。対応を間違えると家族と揉め、裁判にもなりかねないので気をつけましょう。

利用者からの妬みから来るクレーム

あの人のご飯は私より多い

- 食事制限に配慮しながら、一人ひとりに希望の量を聞きながらよそう

あの人はジュースをおかわりした

- 水分摂取の制限の有無を確認する
- 一人ひとりに喉が渇いていないか、水分を飲みたいか確認する

同じ料金を払っているのだから、同じようにやって

- 介護保険サービスの自立支援であり、一人ひとりの状態に合わせたケアをしていることを根気よく説明していく

あの人ばっかり、丁寧に介護する

- 丁寧な介助が必要な人と、そこまでの介助が必要ではない人がいることを説明しつつ、訴えた本人の不満や不公平感に対しての思いを傾聴する

利用者にとって不快感としてなりやすいもの

話し声が大きい

- 難聴の利用者には、なるべく近づいて聞こえやすい方の耳元で話しかける

うっとうしい

- 座る位置を配慮する
- グループを分ける

えこひいきする

- 誰に対しても同じように接する
- 職員への接遇指導
- どのような場面で「えこひいき」と感じるのか聞き、改善する

私のことを叩く

- 利用者同士であれば職員が間に入り、対応する
- 職員であれば虐待にあたるので、指導を行う

食事の仕方が汚い

- テーブルを分ける
- 視界に入らない位置に座ってもらう
- 食べやすい大きさにするなどの配慮をする

悪口を言う

- 利用者同士である場合は、相手が認知症により悪口を言うこともあるので、職員が介入して話題を変える

認知症の利用者に多い妄想

お金を盗られた

- 「それは大変ですね」と共感する
- 否定しない
- 一緒に探す
- お茶に誘うなど、他のことに気持ちをそらす

鍵を隠された

- 「困りましたね」と共感する
- 否定しない
- 一緒に探す
- お茶に誘うなど、他のことに気持ちをそらす

あんたに小遣いあげるから

- むやみに否定せず「お気持ちだけ頂戴します」と感謝の意を伝える

そこに子供が座っている

- 「○○さんにはそう見えるんですね」と受け止めて否定しない

10 事業所内のトラブルも多い

事業所内のトラブルが原因で辞表を出す職員も多くいます。介護職員の離職は経営にも大きく影響するため、職員同士のトラブルは未然に防ぎたいものです。

トラブルの原因はすべて管理者の責任と心得よ

すべてのトラブルが管理者の責任ではありませんが、どのような状況に対してもトラブルの原因を職員の責任にしては、管理者として適切ではありません。

職員同士のトラブルの原因は多種多様でこれが原因だと言うことができませんが、トラブルを未然に防ぐのは管理者しかいないと思ってください。大切なのは、トラブルの原因に焦点を合わせるのではなく、トラブルを発生させない管理に焦点を合わせることです。

厚生労働省のデータによると、介護業界の離職率は他の産業の平均より高い数値を示しています。また、介護労働安定センターのデータによると、辞めていく職員の理由は、職場の人間関係と労働環境が大半を占めています。これは、職場の人間関係や労働環境が良くなれば離職率も下がり、職員の定着を改善できるということです。ここに管理力の重要性があります。

現在、職員不足が大きな問題になっていますが、中には職員が辞めずに安定した運営をしている事業所もあります。そうした事業所は管理者がトラブルを未然に防ぐ管理力が高いものです。職員不足でピンチの事業所は、管理者がしっかり管理力を発揮すれば職員を定着させ、安定運営をすることができるのです。

管理力を発揮する

管理者は、事業者と介護職員の板ばさみになることがあります。事業者の運営方針に従えないと職員が言ってくると、管理者は職員の話を何時間も聴いて、「嫌なら辞めろ」と言いたい言葉を飲み込み、「うんうん、君の言いたことはわかるよ」となだめることもよくあります。

しかし残念ながら、なだめる方法は一時的な対処療法にはなりますが、根本療法にはなりません。結果的に、職員は満足せず辞めていくのです。職員の退職の気持ちが変わらなかったのは、管理者が法人の方針と職員の意見の歩み寄りを上手くできなかったことが原因と言えます。

つまり、管理力とは、いつでもどこでも丁寧に根気強く、全職員と歩み寄る努力のことであり、この努力を常に継続することが重要です。

人材育成

人材育成も管理力につながります。事業者の介護方針を丁寧に説明し理解してもらいながら、職員の1年後、3年後、5年後のキャリア像を管理者は職員と一緒に考えていくことが必要です。

技術的なことや職場のマニュアルは6か月もあれば一通り修得できますが、管理者はそこで人材育成が終了したと思ってはいけません。まだ、人材育成の入り口です。しっかりした人材育成ができれば、職員が自分の必要性と自職場への帰属意識、仕事へのプライドを持ち、事業所内のトラブルも激減します。管理者が管理力を発揮する努力を止めたとたん職場はトラブルが発生し退職者が増えていきます。

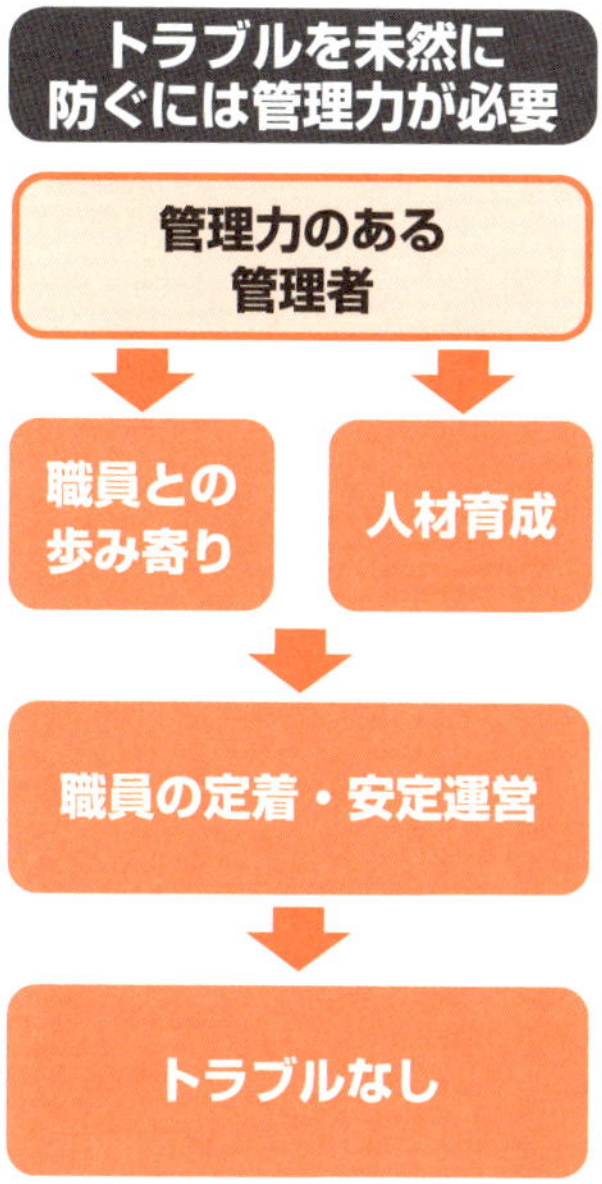

11 損害保険には必ず入ろう

損害保険に入っていないと大変なことになります。ここでは損害保険について解説します。

介護事業者損害保険とは

介護職員が業務中に、利用者の身体を傷つけたり、物を壊したり、またケアプランのミスにより過剰な介護と金銭負担をさせたり……などで、法律上の損害賠償責任を負う場合に、その賠償金を補償してくれる保険が「介護事業者損害保険」です。その名のとおり、介護事業者が加入します。介護事業者損害保険がカバーする内容は、図の通りです。

「後悔先に立たず」――大きな慰謝料や見舞金が必要になるケースも増えている

介護サービスのニーズ増大に合わせて、介護事業者数も介護人材も国から性急に必要とされていますが、それに比例するように、介護現場での事故も増加傾向にあります。

一方で、利用者側の人権意識は非常に高くなり、昔あった高齢者の「ケアしてくれてありがとう」という感謝の気持ちより、消費者としての「お金を払っているから当たり前だろう」という気持ちの方が勝る利用者や家族が増えています。利用者の意識も大きく変化していく中、今までは大きな問題とならなかった事柄も、事故として扱われるケースも増えています。

怪我をさせてしまった場合、治療費を払うのは当然ですが、慰謝料や見舞金や見舞品なども事業所が用意しなければならない時代になっています。中には裁判になり高額な賠償責任を支払うケースもあります。

後で「入っておけばよかった」と後悔することは避けたいものです。そのためにも、損害保険には必ず入っておきましょう。

また、裁判までには至らないように、話し合いや示談で解決できるような良好な人間関係をつくっておきましょう。そのためには、普段から利用者や家族とコミュニケーションを密にして、顔の見える関係づくりをして信頼関係を構築しましょう。

「介護事業者損害保険」が補償してくれる内容

- 治療費
- 休業損失
- 慰謝料等（身体事故）
- 修理費（財物事故）　※ただし財物時価を越えない範囲
- プライバシー侵害に対する慰謝料
- 業務に起因する経済的損失
- 訴訟時の訴訟費用
- 弁護士報酬（事前に保険会社の承認が必要）
- 被害者に対する応急手当
- 緊急措置などの費用
- 身体事故の場合の見舞金・見舞品（社会通念上妥当な金額）

他にも事故が発生した場合に負担した、初期対応費用や訴訟対応費用にも対応している保険もある

損害保険はこんな時に安心

1. 管理物の事故

施設内で管理保管している利用者の財物が破損、紛失、盗取された場合

- 利用者の入れ歯を外す介助をしていて誤って壊してしまった。
- 利用者から預かった眼鏡を誤って壊してしまった。
- 利用者から預かったお金が盗まれてしまった。

2. 業務遂行中の事故

保険対応業務の対応中に不注意によって発生した偶然な事故

- 車いすへの移乗中に転倒して、利用者に怪我をさせてしまった。
- 入浴介助中にやけどを負わせてしまった。
- 利用者をベッドから落としてしまった。
- 食事介助中に誤嚥させてしまった。

3. 業務の結果による事故

保険対象業務を行った結果により発生した偶発的な事故

- 洗濯洗剤が衣類に残っていて利用者の肌に炎上が起きた。
- 食中毒を出した。

4. 施設の事故

施設が管理使用する施設の構造上の欠陥や管理の不備によって発生した偶然な事故

- 手すりが壊れていて転倒してけがを負わせた。

5. 経済的損失

ケアマネジャーが行うケアプラン作成、訪問調査等の業務に起因して、利用者に生じさせた財産上の損害

- ケアプランの作成ミスでサービスが受けられなかったというクレームがきた。

6. 人格権の侵害

業務の遂行もしくは結果において、サービス利用者のおこなった自由、名誉の侵害

- 不当な身体拘束を受けて、精神的にショックを受けたとクレームがきた。
- 事業所のパンフレットに勝手に写真を載せられてしまったことでプライバシーを侵害されたとクレームがきた。

12 クレーム・苦情処理はどうする？

クレーム・苦情処理は、対応次第で利用者や家族がたちまちモンスターに変身するので細心の注意が必要です。

怒っているときは脳内は「ノルアドレナリン」でいっぱい

人は怒りが込み上げると、脳内に「ノルアドレナリン」という怒りのホルモンが分泌し、怒りの感情表現が起きます。利用者や家族が、クレームや苦情を伝える時は、脳内はノルアドレナリンでいっぱいになっています。その時に、対応をひとつ間違えると、ますますノルアドレナリンが増加し、火に油を注ぐ結果になってしまいます。

最初の20分を傾聴にあてる

怒りは、相手のことが理解できない、また自分のことをわかってもらえないという状況下で生まれます。そうした状況では不安感、戸惑いを感じ、「何とかしてくれ」という意思が怒りの感情につながるのです。

そこで、まずは傾聴 ── しっかりと利用者家族の声に耳を傾けてください。そして、「すみませんでした」や「おっしゃる通りです」という相手の意見に賛同する言葉を連発します。そうすることで、それ以上怒りを拡大することを防ぎます。

まずは利用者家族の声に耳を傾ける。その状態で、20分持ちこたえてください。20分経てばノルアドレナリンが消失すると言われています。利用者家族の怒りも収まってきます。そして、こちらの意見にも聞く耳を持つようになります。

切り返し言葉は「実はですね」

利用者や家族の怒りが峠を越えたと感じたら、こちらの状況説明をしっかり始めます。その時使う言葉は、「実はですね」です。ここで「しかし」を使わないように注意しましょう。「反論された」と誤解されて利用者家族の怒りが再燃しますので気をつけましょう。

クレーム・苦情を受けたときの対応の流れ

共感	**原因に関わらず心情や起こっている状況に共感する** ■「何か不都合がございましたでしょうか？」 ■否定しない「おっしゃる通りでございます」
傾聴	**納得して理解するために集中して耳を傾ける** ■心情を理解することが重要 ■「ご迷惑をおかけして申し訳ございません」
確認	**訴えている事実と経緯を確認する** ■「さようでございますか？　すぐにお調べしますので少々お待ちいただけますでしょうか？」 ■電話の場合、確認に時間がかかるときは折り返す
提案	**可能であれば解決方法の提案をする** ■「恐れ入りますが、わたくしでは判断いたしかねますので、後ほど担当の者より改めてご連絡いたします」
感謝	**クレームは改善のチャンス** ■「今後は充分に注意いたします」 ■「貴重なご意見をありがとうございます」 ■「今後ともどうぞ宜しくお願いいたします」

こんな対応は相手をモンスターに変身させる

「はいはい」と軽い相槌を打つ	言い訳をする	業務をしながら対応する
5分以上相手を待たせる	笑ってごまかす	馴れ馴れしい態度をする
話をさえぎる	たらいまわしにする	人のせいにする

コラム

転倒などで注意することは？

昨今、浸透してきた用語「バリアフリー」。転倒防止に役立つことは間違いないと思いますが、それだけでは転倒防止は不十分です。

転倒の原因とは？

人はどうして転倒するのか。

一言で言えば「バランスを崩す」からです。ではどのような時にバランスを崩すか。それは、家や道路などの「環境的状況」によるものと、太ももや足首の筋肉の衰えや視力低下など「身体的状況」によるもの、パーキンソン病や薬の副作用などの「病気的状況」によるものがあります。これら要因が重なり合うとさらに転倒するリスクが上昇します。

転倒しやすい住環境とは？

転倒は自宅や庭でも頻繁に起こります。転倒の要因となるものは、畳の縁、2cmの敷居、部屋の暗い照明、カーペットなどの敷物、カーペットの上に出ている電気コード類などが代表的なものです。

歩行中にそれらに足先が引っかかり、バランスを崩して転倒することが非常に多くあります。ここに筋肉の衰えなど身体的状況が重なるとより転倒しやすくなるのです。

介護施設においても転倒は発生します。ベッドから車椅子への移乗の時やトイレの便座から立ち上がった時、階段の昇降の時などに起こります。ただ歩いているだけでもよろめいたり、つまずいたりして転倒することもあります。

住環境の転倒予防

住環境での転倒予防対策には、先ずバリアフリーが挙げられます。高齢者は1cmの段差でもつまづいて転倒するので、敷居などの段差はバリアフリーにすることが必要です。次に、壁やお風呂やトイレに手すりを付けることも効果的です。転倒しそうなときにつかまるものがあることは転倒防止には大切な要素です。

また、部屋の中でいつも通る所はきれいに片付けておくことです。つまずきの原因になる電気コード類は、部屋の隅を通すことが必要です。また、照明器具がまだ紐を引っ張るタイプ、または入り口の壁にスイッチがあるタイプの場合には、リモコンスイッチに切り替えることが効果的な対策と言えます。

住環境の転倒リスクはこんなところにも

暗い照明	電気コードや延長コード	福祉用具の誤った使い方
布団・絨毯のでこぼこ	履物	玄関・トイレのマット
ふすま・障子の敷居	滑りやすい床	手すりのない階段

転倒しやすい身体的状況とは？

高齢者の転倒は、身体的状況も大きな転倒の要因となります。その代表的なものが「廃用性症候群」です。

廃用性症候群とは使わない筋肉が衰えていくことですが、高齢者の太ももや足首の筋肉は、日頃歩行しなくなることでやせ衰えていきます。この廃用性症候群により自分の体重を支えにくくなり転倒しやすい状況になるのです。

また、高齢者は睡眠薬の服用も多く、起床時に薬がまだ効いていたりすることで、歩行バランスが取れず転倒することもあります。

身体的状況の転倒予防

現在、整形外科医や理学療法士などが多くの転倒予防法を提唱しています。廃用性症候群にならないためにはリハビリや筋力トレーニングなどをして弱くなった太ももや足首の筋肉を強化することが効果的です。簡単な運動でよいので毎日継続して行うことが転倒予防に役立ちます。

薬の効きすぎや副作用による転倒

コラム

を防止するには、薬剤師に相談することも効果的です。かかりつけの薬剤師を持ちたいものです。

福祉用具を活用することもよいでしょう。杖、歩行器、シルバーカーなど福祉用具は毎年進化しています。転倒予防のための新しい用具もたくさん開発されています。

家で転倒した時の対策

家の中で転倒防止を実践しても完全に転倒を防ぐことはなかなかできません。転倒しても怪我がない場合は同じことを繰り返さないよう注意をすればよいのですが、転倒して打ちどころが悪くその場で動けなくなってしまった場合の対処法を知っておくことも大切です。

まず、携帯電話を持ち歩くとよいでしょう。電話機の子機でもいいです。動けないときに電話で110番にかけたら、地域のおまわりさんが助けに来てくれます。

電話がない場合は、近隣の人や地域ボランティアなどに、1日1回訪問してもらえるよう話をしておくとよいでしょう。

その他には、有料サービスにはなりますが、緊急時対応システムも利用できます。このシステムは携帯用通信ボタンなどが渡されます。助けを呼びたいときにそのボタンを押すと、スタッフが訪問してくれます。

身体的状況の転倒リスクはこんなところにも

歩行障害	■足に麻痺がある ■下肢や足の指の欠損
感覚障害	■足のしびれ ■足裏の感覚が鈍い
視力低下	■足元がよく見えない
筋力低下	■廃用性症候群 ■太ももや足首の筋力低下
病気	■パーキンソン病 ■骨粗しょう症
薬	■睡眠薬の効果持続

第2章

事故・トラブルを防ぐポイント

介護の現場で発生しやすい事故・トラブルについて、裁判例や事例を見ながら、なぜ事故やトラブルは起きてしまったのか、防止するためにはどのような対策を取ればよいか、などを解説していきます。

13 転倒・転落

転倒やベッドからの転落は、最も発生件数の多い事故です。どのようにして事故が起こるか、実例をもとに紹介します。

施設内や訪問先での介護サービス中、また送り迎えの途中で発生してしまう「転倒や転落」は、介護事故の中で最も多い事故の一つに挙げられますが、わかっていても、なかなか避けがたいということがあるようです。

転倒や転落事故の賠償の特徴

この発生件数が多い転倒や転落事故を、損害賠償という観点で見た場合、次のような傾向が挙げられます。

①**過失が認められやすい**…転倒と転落、いずれも対策を講じていても、起きるときは起きてしまうものですが、それでも施設側の過失が認められやすいため、特に注意が必要です。

②**賠償額は比較的少額**…あくまで他の事故との比較にすぎませんが、賠償金額という観点からすると、一部の事例を除いて、高額な賠償金を支払わなければならないというケースはさほど多くありません。

その理由として、転倒や転落事故において、中には死亡や後遺症に至るケースもありますが、多くの場合、骨折などにとどまることが多いためです。

③**法的責任が生じないケースもある**…対策や状況に応じて、必ずしも全てのケースで賠償金が発生するなどの「法的責任」が生じるわけではありません。

転倒・転落事故と法的責任

それでは、どのようなケースで法的責任が問われるのでしょうか。ここで、事故が発生した場合の賠償金が発生する法的な考え方をおさらいしておきます。

事故の発生に、職員または施設の過失（ミスや誤り）がありますと、その過失を原因として発生した損害（人損 ── つまり人の生命身体にかかわるもので怪我や病気などの傷害や死亡。物損 ── つまり財産にかかわるもの）を賠償するということになります。

つまり「事故の発生＝過失（不法行為）」というわけではありませんので、次の事例で、どこに過失があったのかという点をしっかりと見ていきましょう。

転倒・転落事故のポイント

- □ 介護現場の事故の中でも、特に発生件数の多いカテゴリーである
- □ 発生件数が最多。にもかかわらず、発生を避けることが難しいカテゴリーである
- □ 発生件数に比べて、死亡や後遺症に至るケースは多くはない
- □ 一部の例外を除き、高額な賠償金となったケースは少ない
- □ 人の生命・身体にかかわる結果を生じさせる可能性があるため、十分な注意が必要

介護現場での事故の種類（ケガや死亡事故）

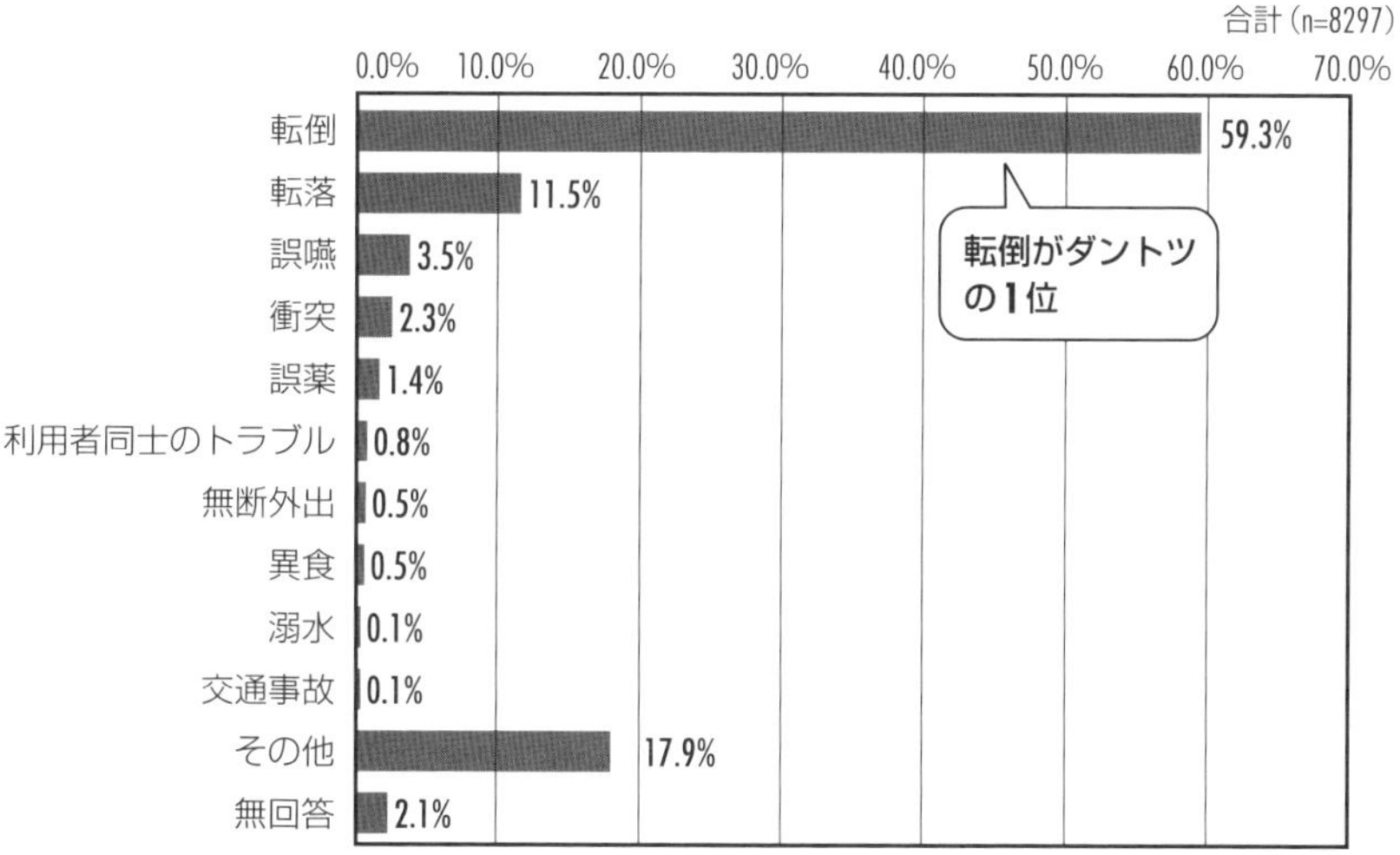

出典：株式会社三菱総合研究所「高齢者介護施設における介護事故の実態及び対応策のあり方に関する調査研究事業報告書」図表67より

転落事故の裁判事例①

（前橋地判平成25年12月19日）

利用者Aさんは、施設Xへの入所前に入院していた病院で、ベッドの柵を乗り越えてしまったことから、入院中はベッドではなく、畳対応となっていました。

施設Xに入所するとき、Aさんの家族は施設に対して、「病院で畳対応となっていたこと」「ベッドを使ったことがないので、畳対応にしてほしい」と伝えていました。これを受けて施設Xも、当初はベッドではなく畳対応としていました。

しかし、施設Xでは、Aさんが、部屋で壁に頭をぶつけたことがあったため、畳では立ち上がるときに掴まるところがなく、「逆に転倒しやすいのではないか」と考えて、畳からベッドに変更しました。

ベッド対応としたものの、ベッドの下にマットを置くなどの対応は取られていませんでした。また、施設は、ベッドに変更したことを、Aさんの家族に伝えていませんでした。

ベッドに変えてから少し経った夜、3名の介護職員のうち、2名は別の利用者の対応をし、残りの1名がベッドに正座していたAさんに声をかけようと近づいたところ、足を動かそうとしたAさんがバランスを崩し、ベッドヘッドと柵の間からすり抜けて床に転落。その結果、Aさんは、急性硬膜下血腫の傷害を負い、11か月後に亡くなってしまいました。

賠償額
2442万円

裁判で指摘された施設の問題点

- 畳対応からベッド対応に変更した点が問題
- ベッド対応に変更しても、柵の位置を変えたり、ベッドの下にマットを敷いたりしなかった
- 段差をなくし畳対応を継続すべきであった

事例から学ぶポイント

- 病院からの引き継ぎ事項や従前の対応を変更するには十分な検討が必要
- 変更する際には、本人や家族に説明する

転倒事故の裁判事例②

（京都地判平成24年7月11日）

利用者Bさんは、施設Yとの利用契約締結の約半年前から脳梗塞となり、左上下肢に麻痺が残ってしまったことから、ショートステイを利用するようになりました。施設利用開始当初、Bさんは、車いすを押して歩いたり、杖を使って歩いたりすることができました。

しかし、ショートステイ利用開始から約3か月後、Bさんは、ベッドから起床しようとしたところ、バランスを崩して転倒し、頭をぶつけてしまったということがありました（1回目の事故）。このときは大事に至りませんでしたが、事故を受けて施設Yは、Bさんに対し、移動等をする際には、ナースコールをするようにと念入りに伝えたり、1時間ごとの看視を行ったりしていました。

前回事故から約2週間後、再度、転倒事故が起きました。この事故では、Bさんがベッドから降りて部屋の端においてあった車いすに近づこうとしたところ、転倒して頭をぶつけ、急性硬膜下血腫により亡くなりました。

賠償額
約3402万円

裁判で指摘された施設の問題点

- 1回目の事故前後の状況からすれば、Bさんが排便の際に、ナースコールをすることなく、ベッドから単独で歩むことを予想できた
- ナースコールや看視を頻繁化するほか、以下の対応をすべきであった。
  - 離床センサーをつける
  - 衝撃吸収マットをベッドのまわりに敷き詰める

事例から学ぶポイント

- 一度事故が起こってしまった場合、同様の事故が起きぬよう十分な対策を講じることが必要
- もし同様の事故が発生した場合、過失が認められる可能性が高い

転倒事故の裁判事例③

（東京地判平成24年3月28日）

利用者Cさんは、施設Zに入所後、頻繁に転倒するようになりました。このため、施設Zは医師診療録にその旨を記載していました。

施設Zは、家族に転倒の事実を連絡し、あわせてCさんの居室をサービスステーションに近い部屋に変更したりコールマットを敷いたり、またベッドに支援バーを設置したりなどの対応をしていました。

しかし、Cさんに認知症の症状が見られたことから、施設Zは、同施設の認知症専門棟に移動させることを家族に提案し、家族は不承不承、移動を了承しました。

認知症専門棟に移動後、Cさんはサービスステーションから見通しの良い位置にあるベッドを利用していました。認知症専門棟では、夜間、夜勤者がサービスステーションからの見守り、1時間おきの巡回等をしていました（ただし、2名が仮眠、1名が巡回に出る時間帯はサービスステーションに誰もいなかった）。しかし、明け方、トイレを介助しようとした際に、Cさんから転んだ旨を伝えられました。Cさんが病院を受診したところ、左大腿骨転子部骨折と診断されたのです。

賠償額
約208万円

裁判で指摘された問題点

- 夜勤者が巡視をしている時間帯や、入所者のトイレ誘導等の介護にあたっている時間帯には、サービスステーションに夜勤者がいなかった
- Cさんの動静への見守り（仮に職員による見守りの空白時間に起きたとすれば、空白時間帯に対応する措置の不足も考えられる）が不足していた

事例から学ぶポイント

- 転倒事故が多数回発生している場合には、その対応において特に注意した対応が求められる

事例全体を見て

3つの事例を見てみると、転倒・転落事例は、「過失が認められやすい傾向にある」と言えます。

まず、事例①ですが、このケースは、特に過失が認められやすいケースだと言えます。なぜなら、このケースでは、病院からの引き継ぎ事項であった従前の畳対応を変更したからです。

転倒・転落を防止するための措置を何ら講じていないという不作為の場合も、過失が認められることも多々ありますが、積極的に対応を変更して、変更後の対応が原因となって事故が起こった場合には、残念ながら、より過失が認められやすいと言えます。

事例②も、過失が認められやすいケースです。同じ態様の事故が再度発生したものだからです。ただし、転倒・転落した場所が異なる場合は、少し話が変わってきます。例えば、浴室内で転倒したことのある人が、事例②のようにベッドからの移動の際、初めて転倒したという場合には、過失が認められないという可能性もあります。

事例③は、施設には厳しい判断といえるのではないでしょうか。過去の転倒状況を踏まえて、転倒を防止するために、見通し良い場所へのベッドの配置、コールマットを敷くといった対策を取っていましたが、いつどのような状況で発生したかもわからない転倒事故に関して、施設側の過失が認められたというケースです。この事例③を見ても、転倒事故は防止しにくく、過失が認められやすいと言えます。

転倒・転落事故において過失が問われるポイント

- □ 過去の転倒・転落事故と同様の態様により、再度事故が発生した場合
- □ ベッドからの転落に対しては、支援バー、コールマット、衝撃吸収マットが設置されていない
- □ ベッドの位置等の具体的な対策が講じられていない

過失とならないために注意したいこと

これまで、転倒・転落に関する裁判の実例や過失の内容について見てきました。最後に、過失とならないためにどうするかというところですが、他の事故事例と比べても、転倒・転落は過失が認められやすく、無過失を立証するのが難しいケースと言えます。事例③などは、無過失を証明する難しさがより理解いただけると思います。

過失を防ぐために、まず言えることは、「同じ事故を繰り返さない」ということです。例えば、段差で転倒したのであれば段差をなくす、滑って転倒したのであれば滑りにくい床に変える、階段で落ちたのであれば階段を利用しない1階にする、ベッドから転落したのであればバーをつける、吸収マットを敷く、畳に変える、ベッドを看視しやすい場所に変えるなど、事故の原因を探って、事故の原因を取り除くことが必要です。

この時、事故が起きてしまった人だけでなく、その他の転倒・転落が発生しやすい人についても、あわせて同様の防止策を講じていく必要があります。

また、日々の観察記録をつけておくことも重要です。これによって、事故の発生原因を記録し、防止策を検討する際の資料になりますし、裁判となった場合にも、看視を怠っていないこと、事故の発生を防止する対策が取られていたことを立証するための重要な証拠となります。

転倒・転落を防止するためのポイント

- □ 全体として、段差のあるところはないか
- □ 全体として、滑りやすいところはないか
- □ 個別の対応として、ベッドの配置はどうか
- □ 個別の対応として、吸収マット等ベッド周りの必要な措置が取られているかどうか
- □ 個々人の観察日記を確認して、動き回る範囲に変更はないか

転倒・転落に関する総まとめポイント

★★★★★

＜転倒・転落事故の特徴＞

- 事故件数が圧倒的に多いが、事故件数の割に生命にかかわるような重大な事故は少ない
- 事業者側の過失が認められやすい

＜転倒・転落事故を防止するポイント＞

- 日々の観察記録をつけ、筋力低下や認知症の進行による転倒・転落が起きやすい状況になってないか意識する
- 転倒・転落事故が発生した場合には、事故原因を究明し、同様の事故が起きないよう防止策を講じる
- 施設全体として、転倒しやすい場所がないか再検討する
- 個別の入居者ごとに、転倒・転落しやすいところがないか再検討する

14 誤嚥事故

介護現場で起こる事故として3番目に多く、身近な事故とすら言えますが、死亡事故という最悪なケースも多いため注意が必要です。

利用者の飲み込む力が弱かったり、飲み込みの反射が障害されていたりすると、のどに食べ物を詰まらせたり、また気道に流入したりすることがあります。これが誤嚥です。誤嚥は、介護施設内や訪問先で、利用者の食事の介助を行った際に発生します。

誤嚥事故の頻度は高い

誤嚥事故とは、主にのどに食べ物を詰まらせるケースです。これは、転倒・転落に続いて、介護現場で起こることの多い事故です。

誤嚥事故が起こった際の過失について、裁判例を見てみると、介護職員または施設側の過失はないとして、事故に遭った利用者またはその相続人からの請求は認めない、というケースが相当数あります。

とはいえ、食べ物をのどに詰まらせるという事故の性質上、最悪の場合は、窒息して死亡に至るケースも多く、高額な賠償額の支払いが請求されることも多いため、注意が必要なことは言うまでもありません。

誤嚥事故の法的責任とは

ここで、事故が発生した場合に、過失が問われて賠償金の支払いが発生する際の「法的な考え方」をおさらいしておきます。

賠償金とは、事故発生に、介護職員または施設側に過失（ミスや誤り）があると、その過失を原因として発生した「損害」を金銭で賠償するということです。損害とは、人の生命や身体にかかわる怪我・病気・死亡や、また財産にかかわる物損などの損失を被ることです。

介護施設の利用者は、高齢により身体的な機能が弱まっているのが通常ですので、誤嚥は一定程度、発生するものです。このため、介護職員や介護施設の法的責任が生じるのはどういうケースなのかをよく理解しておくことが重要です。

次ページ以降の事例では、どこにどんな過失があったのかという点を確認していきます。誤嚥事故は、死亡や後遺症など重大な事故につながる確率が高い事故です。過失の内容をよく見て事故を未然に防げるよう、予防策を策定または再検討するようにしましょう。

事故にはならない誤嚥からの肺炎

誤嚥は肺炎の原因にもなります。厚生労働省のデータによると、肺炎が原因で亡くなる人は増加しており、死因別統計で見ても第3位、そのほとんどが高齢者の誤嚥性肺炎によるものです。誤嚥性肺炎は気づきにくいこともありますし、利用者の様子や誤嚥には日頃から十分な注意が必要です。

誤嚥事故のポイント

- 発生件数が多い
- 死亡や後遺症など重大な事故に至る確率が高い
- 賠償金が高額になりがち

誤嚥事故の裁判事例①

（大阪高判平成25年5月22日）

Aさんは、病院で、出血性直腸潰瘍によるポリープ除去手術を受け、退院まで全食粥食が提供されていました。退院後は、施設Xの個室に入居しました。

入居に際し、施設Xは、病院から引き継ぎとして「食道裂孔ヘルニアにより時折、嘔吐を認めています。誤嚥を認めなければ経過観察でよいと思います」との伝達を受けていました。また、施設Xは、診療情報提供書などから、Aさんには「難治性逆流性食道炎、食道裂孔ヘルニア」の既往歴があること、入院中は全食粥食で、食後に嘔吐があったという情報を得ていました。

さらに、Aさんは、施設Xに入居後、事故が発生するまでに4回食事をしましたが、誤嚥を伺わせるような症状は見られませんでした。

事故当日、施設Xは、ロールパンを含む朝食をAさんの個室に配膳しました。Aさんは一人で朝食を取っていましたが、ロールパンを誤嚥して昏睡状態となっているところを職員に発見されました。Aさんは同日亡くなりました。

賠償額
約310万円

裁判で指摘された問題点

- 施設Aは、病院から引き継ぎを受けていた
- 「食道に疾患があり食物が逆流し嘔吐することがあること」「これにより誤嚥が危惧されるとの意味内容を感得することができること」「高齢者に誤嚥が多いこと」などの情報は得ていた

事例から学ぶポイント

- 病院からの引き継ぎには十分注意し、不明点は確認して記録に残すことが肝要
- 実は1審では、施設側が誤嚥を予想することは困難として過失が否定されていた。このように、記録の有無・精度が過失の有無に大きく影響する

誤嚥事故の裁判事例②

（松山地判平成26年4月17日）

87歳のBさんは、週3回のリハビリや入浴介助等の訪問介護サービスと、週3日の通所介護を受けていました。訪問介護の事業所Yでは、食事の提供、服薬管理、トイレの誘導、食事、水分、服薬などの声かけ、介助などを提供していたところ、サービス提供後に、Bさんに血液様の痰が混じっていることを確認していました。

一方、別の業者による通所介護中に、Bさんが肉を喉に詰まらせ顔面蒼白になるという事故がありました。この事故は、通所先から家族に連絡されましたが、通所先からも家族からも、事業所Yには連絡されませんでした。

この事故の4日後、事業所Yのヘルパーが、Bさん宅を訪れ昼食にうどんを調理して、Bさんに提供しました。このときヘルパーは、Bさん宅の冷蔵庫にあったさつま揚げを、切って調理することなく麺の上に盛りつけて、原型のままの状態で提供しました。Bさんがこれを食べたところ、この揚げ物を誤嚥し、喉に詰まらせ窒息状態となり、その翌日に亡くなりました。

賠償額
約1565万円

裁判で指摘された問題点

- Bさんは高齢であり、食事中の事故が危惧された
- 嚥下障害のサインである痰の発生を確認していた
- 事故の4日前に誤嚥事故が発生していた
- Bさんの歯は2、3本しか残っていなかった
- 揚げ物は窒息になり得る大きさであり、揚げ物を一口大の大きさにするべきだった。

事例から学ぶポイント

- 痰の問題や他の施設などで誤嚥事故が起きているかを確認する
- 誤嚥事故が起きそうなことがあったかどうかも確認する

誤嚥事故の裁判事例③

（水戸地判平成23年6月16日）

Cさんは、施設入所の3年前ぐらいからパーキンソン症候群の症状が進み、通常食は取れない状態となっていたことから、お粥とペースト状にしたおかずを食べていました。

その後、Cさんは、症状や家族の事情から施設Zに入所することとなり、Cさんが通院していた病院から施設Zに対して、次のような申し送りがされました。

「食事摂取：自立」「手の震え（＋）、食べこぼし（＋）」「食事内容：全粥きざみ食」

また、家族からも希望して「全粥きざみ食」の申し出がありました。これを受け、施設Zも上記と同様のサービス計画を立てていました。

しかし、摂取状態が良好であること、Cさんに「刺身は常食で」との希望があることから、家族には連絡せず、刺身を常食で提供するようになりました。

賠償額
約2204万円

そして、事故当日、施設BはCさんを目の届くところに座らせ、刺身（25㎜×40㎜×５㎜）を食べさせていましたが、Cさんはこれを詰まらせ、意識が回復しないまま、約４か月後に亡くなりました。

裁判で指摘された問題点

- 嚥下しやすくするための工夫をしなかった
- 刺身は咀嚼しにくいため、嚥下能力が劣るＣさんに適した食物とは言えない
- Ｃさんの嚥下能力の低下、誤嚥の危険性に照らせば、誤嚥する危険性が高いことは予想できた

事例から学ぶポイント

- 食事等の方針・サービス変更には検討を要するが、特に利用者の回復を前提として変更する場合には、より慎重な判断が必要

事例全体を見て

誤嚥事故に関する裁判例を3つほど見てきましたが、各裁判例で「過失」と評価されたポイントは異なります。3つの裁判例を参考に、過失になってしまう点を総点検してみましょう。

まず、食材への過失と評価された点について、事例③では、そもそも刺身は高齢者にとって咀嚼しにくいとされています。刺身は色々評価が分かれるところですが、一般的に餅など咀嚼しにくいとされている食材の選択には注意が必要です。また事例②では揚げ物の大きさが指摘されました。

このように誤嚥事故では、利用者の状態に合わせた食材や調理が適切に行われているかが問われます。

他に大きく問われたのは、利用者の様子です。事例①では、病院からの引き継ぎで嘔吐があったこと、事例②では、嚥下障害のサインとして痰の発生があったことなど、普段の利用者の様子から誤嚥する可能性があったことが指摘されています。

誤嚥事故において過失が問われるポイント

- □ 嚥下しにくい食材が提供されている
- □ 嚥下しにくい、または喉に詰まりやすい大きさの食材が提供されている
- □ 嚥下障害のサインとして痰の発生があったにもかかわらず、何らの対応もしていない
- □ 前に誤嚥事故が発生したことがあったにもかかわらず、再発防止策を取っていない
- □ 誤嚥を起こしやすい既往症があるにもかかわらず、何らの対応もなく、他者と同じ対応をしている
- □ 病院からの引き継ぎ事項として誤嚥が指摘されているにもかかわらず、何らの対応も取っていない

過失とならないために注意したいこと

前ページで、誤嚥事故では、どのような場合に過失が問われるかについて見てきました。そのポイントは、食材そのものに関する点と、利用者ごとの誤嚥に関する兆候でした。

まず、食材に関しては、そもそも、固形物でよいのか、それともペースト状にしなければならないのかという点で大きく対応が異なります。次に固形物であったとしても、嚥下しにくい食材ではないか、嚥下しにくい大きさではないかを検討する必要があります。

次に、誤嚥のサインを見逃さないということです。最も重要なのが、過去に誤嚥事故があったという場合です。繰り返し誤嚥事故が起こった場合には過失が認定されやすいと言えますので、直ちに対策を取る必要があります。また、痰や嘔吐など誤嚥を起こしやすいと思われる出来事があった場合にも注意が必要です。この場合も経過を記録するとともに、誤嚥防止策を実施し、かつ記録することです。

誤嚥事故のチェックポイント

＜嚥下しにくい食材のチェックポイント＞

- □ 口の中やのどにくっつきやすい（海苔など）
- □ 粘りが強い（餅など）
- □ 噛みきりにくい、硬い（タコ・イカなど）
- □ 水分が少なくパサパサしている（パンなど）
- □ つるっとしているもの（こんにゃくなど）
- □ 酸味の強いもの（酢の物など）
- □ さらさらとした水分（水やお茶など）
- □ 口の中でバラバラになるもの（ナッツなど）

＜誤嚥のサイン＞

- □ 痰が発生する、または増えた
- □ 食事の際にむせる
- □ 飲み込めずに嘔吐する
- □ 上手く飲み込めない

誤嚥に関する総まとめポイント

★★★★★

＜誤嚥事故の特徴＞

- 意識障害や死亡など重大な結果につながる恐れのある事故であり、特に十分な対策が必要

＜誤嚥事故を防止するポイント＞

- 提供する食事に関して、病院や家族と連絡を取り合う
- 病院や家族からの連絡事項で、過去に誤嚥がないか確認する
- 病院や家族からの連絡事項で、誤嚥を起こしやすい病気に罹患していないか、既往症がないか確認する
- 痰や食事の際にむせるなど、嚥下能力の低下をうかがわせる事情がないか日常的に観察する
- 嚥下しにくい食材が使われていないか確認する
- 嚥下しにくい大きさの食材が提供されていないか確認する

15 食中毒

食中毒は、いったん発生すると多くの利用者に影響を及ぼすことになります。

食中毒事故のポイント

高齢者は体力がなく抵抗力も弱いため、ひとたび食中毒が発生すると症状が重篤化する恐れがあります。また、食事を集団で取る施設では、二次感染を含めて食中毒の集団発生につながる可能性も高くなります。そのため、施設自らが日頃から適切な食中毒等の予防に努めることが重要です

介護事業に関連して食中毒が発生して裁判となったケースというのは、筆者が探した範囲では発見されませんでした。しかし、病院や学校等、食事を提供している裁判例は相当数あります。そこで、この後で紹介する事例には、介護施設以外で起きた食中毒事故の裁判例を示します。食事を提供している以上、介護施設でも、食中毒による事故は発生する可能性があるということを意識しつつ、参考にしてください。

食中毒事故と2つの損害

職員や施設の過失により、食中毒事故を起こしてしまった場合には、生命身体に対する損害となります。誤嚥などの他の事例と同様、事故にあってしまった方に、賠償金を支払わなければなりません。

これに加えて、食中毒の場合には、転倒・転落事故や誤嚥の場合とも異なり、感染症の拡大によって被害者数が増加し、賠償額も多額になっていく可能性があります。

さらに、事故にあってしまった方への直接的な賠償金の支払いだけでなく、食中毒を発生した施設ということで風評損害（レピュテーションリスク）が起きたり、保健所の許可が取り消されたりといった間接的な損失が発生する可能性もあります。

事故にあった方への賠償金というのは、事故に遭わ

れてしまった方の損害になります。

風評や保健所からの許可取り消しなどが起こると、入所者が減少する可能性があります。また営業停止となって売上が減少すると、介護事業における営業上の損害と言えます。混同しないように注意してください。「被害者を出さない」ということはもとより、営業上の損害を発生させないためにも、事例を見て、しっかりと予防策を検討するようにしましょう。

食中毒のポイント

- □ 食中毒が発生した場合には、生命に危険を及ぼす重大な事故に至るケースがある
- □ 食中毒は、被害が多数人に及ぶ可能性のある事故類型で、被害額が多額になる可能性がある
- □ 食中毒が発生した施設ということで風評損害（レピュテーションリスク）がある

平成26年　施設ごとの食中毒の発生状況

（全体）				事件数	患者数	死者数
総数				976	19,355	2
家庭				79	161	2
事業場	総数			37	903	0
	給食施設	事業所等		8	193	0
		保育所		6	202	0
		老人ホーム		18	447	0
	寄宿舎			0	0	0
	その他			5	61	0
学校	総数			10	246	0
	給食施設	単独調理場	幼稚園	1	19	0
			小学校	0	0	0
			中学校	0	0	0
			その他	0	0	0
		共同調理場		0	0	0
		その他		0	0	0
	寄宿舎			3	79	0
	その他			6	148	0

（全体）		事件数	患者数	死者数
病院	総数	6	209	0
	給食施設	5	198	0
	寄宿舎	0	0	0
	その他	1	11	0
旅館		48	2,308	0
飲食店		590	10,264	0
販売店		29	743	0
製造所		8	1,467	0
仕出屋		35	2,348	0
採取場所		0	0	0
その他		7	317	0
不明		127	389	0

出典：厚生労働省「食中毒発生状況（平成26年）」より（病院内での食中毒事故のケース）

食中毒事故の裁判事例①（病院）

（大阪地判平成12年1月24日）

入院患者Aさんは、直腸癌の除去手術を受けるため、病院Xに入院しました。手術前に行われた検査では、がんの進行度は、ステージⅢであり、入院から1週間後に手術が行われました。しかし、手術から2か月後に行われた検査で、癌が再発したとの診断がなされました。

同じ頃、病院X内に、サルモネラ菌により食中毒になる人が出始めました。保健所が調べたところによれば、昼食で出されたサラダ等のおかずからサルモネラ菌が検出されたとのことでした。

Aさんにおいても、下痢等の消化器症状が発生し、検査の結果、サルモネラ菌が検出されました。サルモネラ菌については、約1週間後に行われた再検査で「陰性」の結果が出ました。

ところがその後も、Aさんは下痢や嘔吐が続き、手術から約2か月半後に亡くなってしまいました。

このような経過を受け、Aさんの家族は「病院Xが入院患者にサルモネラ菌を感染させ、死亡させた」として裁判で訴えました。

賠償額 300万円

裁判で指摘された問題点

- 汚染原因として、食材の汚染、調理場内のネズミ、昆虫類の生息可能性が推定されており、食中毒予防の措置を講じたとは言えない
- 闘病中の全身衰弱状態の患者がサルモネラ菌に感染した場合、健康人に比べて大きなダメージが加えられ、予後に悪影響を与えた

事例から学ぶポイント

- 高齢者においては、食中毒によって生命を脅かす重大な結果となり得る。その結果施設には多額の賠償金が発生する可能性もある。

食中毒事故の裁判事例②（刑務所）

（旭川地判平成16年1月20日）

Y刑務所内において、複数の収容者から腹痛、下痢や発熱の訴えがありました。当初は風邪が流行したものと考えていましたが、その後も発症者が増加したことから、保健所に相談しました。

保健所が検査した結果、発症者や炊場就業者の便から大腸菌O25が検出されましたが、原因食品はわかりませんでした。

また在監者Bさんも、他の収容者と同様、給食を食べたところ、腹痛や吐き気、微熱等の症状が出始め、さらに下痢症状も出始めたことから病棟に移りました。その後、発症から1週間ほどで治癒しました。ただし、Bさんから O25は検出されませんでした。

このような経緯を受け、Bさんは、Y刑務所を運営する国に対して、大腸菌O25による中毒症状になったとして裁判に訴えました。

賠償額

3万円

裁判で指摘された問題点

- 給食は、多数の者に一時に食事を提供し、しかも、直接体内に摂取されるもので、給食に汚染等があれば、直ちに多数の者の生命・身体に深刻な影響を与える可能性がある
- 原因食品や感染経路の特定には至っていないものの、多数の者に食中毒症状が出現していることからすると、衛生管理にはなお不十分な点があった

事例から学ぶポイント

- 食中毒は、多数人に発症可能性があり、特に高齢者の場合は、重篤な事態になり得る
- 施設内で食中毒が発生した場合には、衛生管理を尽くしていたとは認められにくい。施設管理上、特に重要なポイントと言える

食中毒事故の裁判事例③（学校給食）

（大阪地判平成11年9月10日）

市立病院の夜間診療に、下痢や血便を主症状とするZ小学校の患者10名が来院しました。その後も激しい腹痛、下痢、血便を訴える学童患者が急増しました。そこで、市が集団食中毒の調査をしたところ、腸管出血性大腸菌O－157が原因と判明しました。

この事件は、当時のニュースでも大きく取り上げられましたが、O－157は、一般市民にも拡大し、患者総数は、9523名にも上りました。

Z小学校の6年生であった児童Cさんは、食中毒発生の最初の頃に、他の児童と同様に発熱し、下痢を発症、血便も見られました。1週間後の検査結果では、溶血性尿毒症症候群HUSと診断され、さらに脳内出血を合併しました。

Cさんは約1か月後に亡くなり、家族はZ小学校を相手に裁判を起こしました。

賠償額
約4538万円

裁判で指摘された問題点

■ 調理がZ小学校に全面的に委ねられていること、児童に事実上“食べない自由がない”こと、体内に摂取されるもので生命身体に与える影響が大きいこと、抵抗力の弱い若年性であることから、食中毒が発生すれば、結果的に、給食提供者の過失が強く推定される

事例から学ぶポイント

■ 施設の食事提供と比較すると、事実上“食べない自由がない”とまで言えるかは評価が分かれるところ

■ その他の事情、特に抵抗力の弱いという点は介護の対象となる高齢者にも当てはまる

■ 施設の衛生管理のほか、食事提供に関するマニュアルを策定するなどの十分な対策が必要

事例全体を見て

介護施設にかかる事例ではありませんが、飲食店ではなく、食事を提供している施設内で発生した食中毒に関する裁判例を3つ紹介しました。

3つの事例を読まれて、いかがでしたでしょうか。結論から申し上げますと、食中毒が発生してしまったら、「ほぼ過失が認められる」と考えて間違いないと言えるほどです。

事例①の場合、感染経路は特定されていませんが、病院の責任が肯定されています。事例②でも同様に、感染経路が特定されていませんが、刑務所の責任が肯定されています。

事例③は顕著で、食中毒が発生すれば、結果的に、給食提供者の過失が強く推定されると判示されています。また、3つの事例に共通しているのが、事実上施設利用者は当該施設で提供される食事を〝食べざるを得ない〟という点です。この点は、多くの介護施設でも当てはまるのではないでしょうか。

例外として、訪問者からのお土産等で食中毒が発生したというような場合には、施設側の責任が否定されることになります。

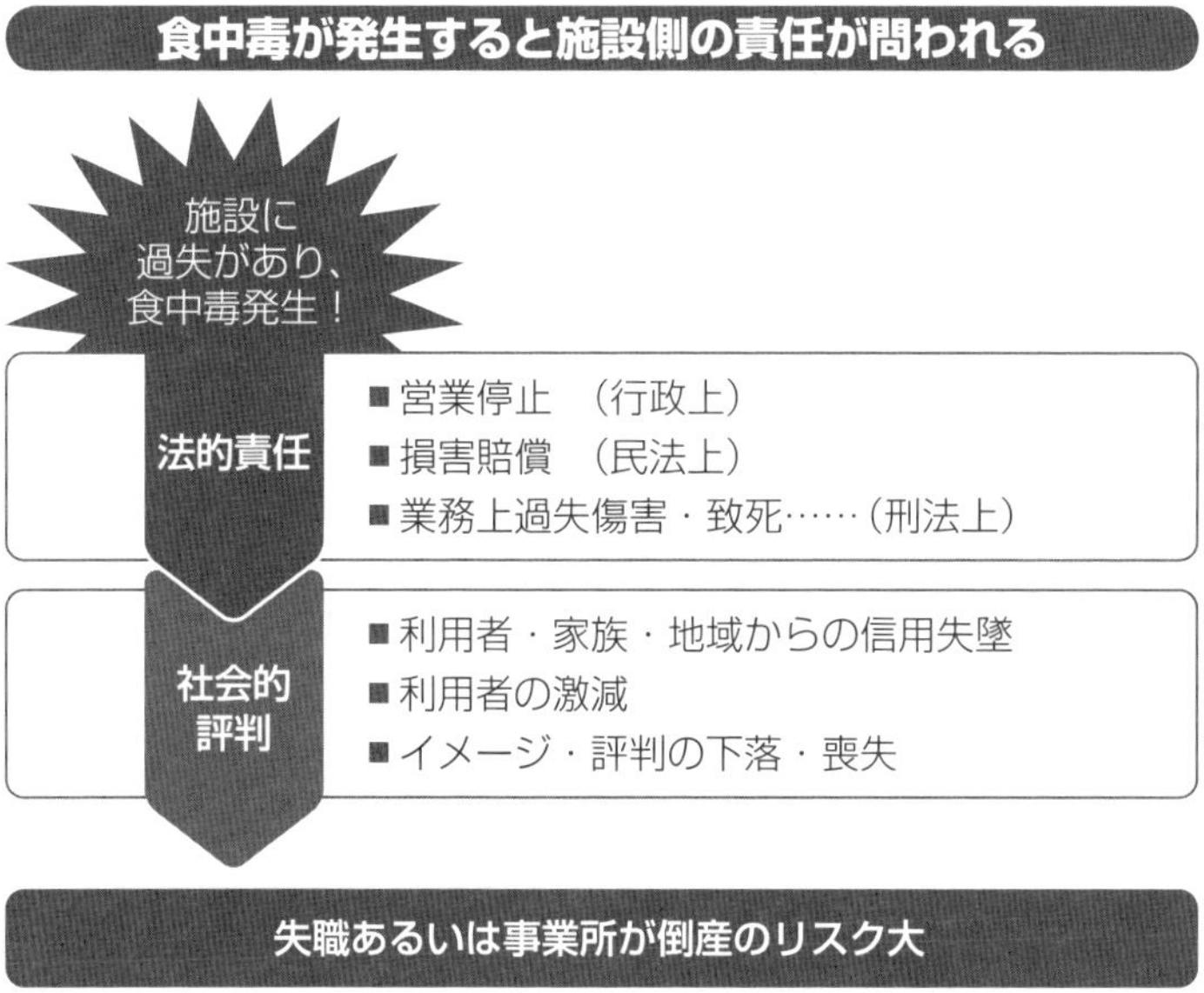
食中毒が発生すると施設側の責任が問われる
施設に過失があり、食中毒発生！
法的責任
■営業停止　（行政上）
■損害賠償　（民法上）
■業務上過失傷害・致死……（刑法上）
社会的評判
■利用者・家族・地域からの信用失墜
■利用者の激減
■イメージ・評判の下落・喪失
失職あるいは事業所が倒産のリスク大

食中毒の予防対策

介護施設とひとことで言っても、デイサービスやグループホームのような少人数の施設から、大型の有料老人ホームやサービス付き高齢者向け住宅のような施設まで、大小さまざまです。

食事の提供方法も施設によって異なると思いますが、食中毒は気をつけていなければ、どのような食事提供方法であっても発生の可能性があります。

介護施設事業者は、食中毒予防の三原則「食中毒菌を〝付けない、増やさない、やっつける〟」に日頃から留意することが大切です。

繰り返しになりますが、高齢者は体力がなく、抵抗力も弱いため、ひとたび食中毒が発生すると集団発生の危険性が高まりますので、施設内の衛生保持に努めましょう。

それでも食中毒が発生してしまったら

食中毒の発生が疑われる場合は、速やかに、所管の保健所に報告の上、指示等を求め、その指示等に従ってください。

また、保健所の食中毒等の原因究明調査に協力するとともに改善指導があった場合は、これに従いましょう。食中毒等による改善指導がなされた後においても、利用者を調理に参加させる時期については、慎重に判断しましょう。

食中毒予防の三原則

菌を付けない

- 薬用せっけんで手洗いをこまめに行う
- 調理用具の洗浄消毒を徹底

菌をふやさない

- 生鮮食品はできるだけ早く冷蔵庫へ
- 賞味期限・消費期限を守る
- 調理したものはすぐに食べる

菌をやっつける

- 十分に加熱してから食べる

食中毒予防のチェックリスト

分類		チェック項目
下準備	1	作業前に手洗いとうがいをしていますか
	2	台所のゴミはこまめに捨てていますか
	3	タオルやふきんは清潔ですか
	4	石けんは用意してありますか
	5	井戸水を使っている場合、水質に注意していますか
	6	食材は新鮮ですか
	7	こまめに手を洗っていますか （生肉、魚、卵を取り扱った後にもまた手を洗っていますか）
	8	肉や魚は、生で食べるものや調理済みの食品から離して置いていますか
	9	生肉や魚を切った後、その包丁、まな板で野菜などの生で食べる食品や調理済みの食品を切る場合は、よく洗ってから使っていますか
	10	野菜もよく洗っていますか
	11	冷凍食品など、凍結している食品を解凍する場合は、冷蔵庫の中や電子レンジで行っていますか
	12	包丁、まな板、ふきん、スポンジなどは、使った後すぐに洗剤と流水でよく洗ってますか（洗った後、熱湯をかけると効果的）
調理	13	下準備で台所、ふきんなどが汚れた場合は、適宜片づけやふきんの交換をしていますか
	14	調理前にも手を洗いましたか
	15	加熱して調理する食品は十分加熱しましたか： 食品の中心部の温度が75℃（ノロウイルス汚染のおそれがある食品の場合は85℃）で1分以上加熱
	16	調理を途中でやめる場合は、冷蔵庫で保管していますか （そのまま室温に放置しないようにしましょう）
	17	電子レンジを使うときは、時々かき混ぜるなどして均一に加熱されるよう気を付けていますか
	18	食卓につく前に手を洗いましたか
食事	19	清潔な手で、清潔な器具を使い、清潔な食器に盛り付けましたか
	20	調理後の食品は、室温に放置せず速やかに食べていますか
調理後	21	食器、ふきんなどは洗浄後、煮沸消毒していますか
	22	包丁、まな板等の調理器具は清潔さを保っていますか

16 入浴事故

入浴事故は、比較的発生回数は少ないと言えますが、重大事故につながりやすいという特徴があります。

入浴事故のポイント

一般的に、高齢者の入浴中の事故は、交通事故よりも多いと言われるほど起こっています。要介護状態ではない高齢者でも、湯船で溺れたり、入浴時の体調異変に襲われたりする事故が多発しています。

このことを考えれば、介助が必要な高齢者の場合、さらに注意が必要なのは当然のことと言えるでしょう。入浴介助中の事故は、死に至るなどの重大な結果を招きやすいのも特徴の一つです。

施設内や訪問先で入浴の介助を行った際に発生してしまう入浴事故は、裁判となっている事例はさほど多くないようです。しかし、裁判になっているかどうかと実際の発生確率は異なりますので、事故を未然に防ぐために事例とポイントを確認していきましょう。

では、入浴事故が発生したケースの傾向や特徴を確認していきましょう。

まず事故事例については、裁判となっているケースは少ないと言えます。やはり、転倒や転落、誤嚥に比べると、介助者が目を離す時間が少ないせいか、発生件数が少ないのかもしれません。

この後で紹介する事例も、3件のうち2件が、介助者が見ていないときに発生してしまった事故で、もう1件は介助中の事故ですが、過失が認められませんでした。

入浴事故と法的責任

ここで、事故が発生した場合の賠償金が発生する法的な考え方をおさらいします。

事故の発生に介護職員または施設に過失があると、その過失を原因として発生した損害を賠償するということになります。これを前提に、入浴事故の特徴を見ていくと、介助者が見ていないところで起きた事故と、介助の最中に起きた事故では過失の内容が大きく異なるということです。

また、損害（人損）については、火傷や擦過傷等の傷害でとどまるケースから死亡等の重大事故に至るケースもありますので、事故の発生を防ぐため、事例をもとに予防策を検討しましょう。

入浴事故のポイント

- □ 入浴事故は、死亡や後遺症など重大な事故に至る可能性のある事故類型である
- □ 転倒転落や誤嚥ほどの発生件数はないようであるが、裁判になっているケースもある
- □ 入浴施設の管理にも注意が必要
- □ 介助中の事故と、介助者が見ていないところで発生した事故とでは、過失の内容が異なる

事故の種類と状況

事故の種類	状況
溺水	・浴槽内では浮力が働くため、身体が浮き上がりやすくなっている ・高齢者は、バランスを崩しやすく、自分で体勢を修正できない ・湯あたり等により、浴槽内で意識状態が低下する状況下で起こり得る
熱傷	高齢者は、温度等の感覚に関しても反応が遅れるため、重大な事故になる可能性がある
外傷	・高齢者の肌は弾力性に乏しく、結合織が弱い ・湯により“ふやけた”状態となり、少しの接触で剥皮等を起こす
転倒	・滑りやすい床面や浴室内の混雑等の状況で事故となり得る ・本人の体調変化（湯のぼせなど）によっても事故となりやすい状況を生む

入浴中の事故の裁判事例①

（千葉地判平成23年10月14日）

入院患者Aさんは、事故の8年前頃より、両膝関節痛が激しくなり、5年前頃からは、浴槽は使わずシャワーのみを使用していました。また、Aさんの自宅風呂場の給湯栓は39℃以下の湯しか出ないことから、給湯栓のみを利用していました。

Aさんは、事故の2週間ほど前に、X病院で診察を受けて、両変形性膝関節症と診断され、同病院で手術と術後のリハビリのため入院しました。

手術の前日にAさんは、午後2時に入浴するよう指示を受けましたが、給湯設備（55℃前後の湯が出る）の説明を受けませんでした。また、事前のアンケートにおいて、自宅ではAさん一人で入浴している等の説明をしていたことから、Aさんは一人で入浴することになりました。

しかし、Aさんは、湯が注がれて、20～30㎝ほどの湯が溜まった浴槽内に倒れている状態で発見され、翌日死亡してしまいました。

賠償額 1925万円

裁判で指摘された問題点

- 浴室の給湯設備や操作方法はさまざまあり、使い慣れていない者にとって操作は難しい
- X病院の給湯栓は55℃前後と熱傷を負う恐れのある温度であるから、設備について説明をすべきであった
- 入浴予定時間の30分経過時に安全確認を行うべきであったのに行わなかった。

事例から学ぶポイント

- 使い慣れている側からすると、給湯器の使い方まで教えることに考え至らない可能性がある
- 熱傷を負う可能性があるかどうか、生命や身体に危険が及ぶのを防ぐにはどうするかという点から予防策を考えることが望ましい

入浴中の事故の裁判事例②

（岡山地判平成22年10月25日）

利用者Bさんは、施設Yの入所の1か月ほど前に、交通事故にあい、急性硬膜下血腫、肋骨骨折の傷害を負いました。その後、言語障害を発症し、ほぼ同時期に認知症の症状も出始め、徘徊するようになりました。退院後、施設Yに入所して約3年間にわたり、入退所を繰り返していましたが、症状は改善されませんでした。

入浴事故当日のお昼頃、Bさんは、施設Yの2階食堂で昼食中に居眠りをしていたため、職員が介助して食べさせ、その後も食堂内で過ごしていましたが、所在不明となり、探したところ、湯をためた浴槽内で倒れているのが発見されました。その後、Bさんは死亡しました。

施設Yの設備の状況は、浴室と、浴室に隣接する脱衣所の扉、浴室の浴槽への扉が施錠されていませんでした。

賠償額 約442万円

裁判で指摘された問題点

- 入居者の多くが認知症で、かつ、徘徊傾向にあった
- 全入居者について間断なく動静を見守ることは困難であった
- 入居者の動静を見守るだけでなく、生命身体に危険のおよぶ設備場所は適正に管理すべきであった
- 施設Yの浴室は、転倒による骨折、温度変化による血圧の急変、火傷、溺死など危険性のある設備であった

事例から学ぶポイント

- 認知症の利用者の行動をすべて予測するのは難しく、日々の行動からだけ対処を考えることは万全ではない
- むしろ各設備について危険性はないかという観点から検討し、予防することが肝要

入浴中の事故の裁判事例③

（東京地判平成18年7月21日）

利用者Cさんは、事故の10年ほど前に、頸髄を損傷し、両下肢対麻痺、知覚鈍麻の症状が残りました。これにより、身体障害者1級の認定を受け、車椅子で生活し、入浴にも介助が必要な状況でした。

Cさんは、東京都の特別区が提供する施設Zの入浴サービスを申し込み、Cさん宅でサービスが提供されることとなりました。

事故当日、施設Zの従業員や看護師は、血圧や体温を測り記録するとともに、Cさんの状況として、左大腿部に褥瘡があること、テープが剥がれていたとクレームがあったこと、表皮剥離があったことなどを記録していました。その後、タンカシートに利用者を寝かせ、浴槽内において体の向きを変えました。この日は擦過傷を負った旨のクレームもなく、無事に終了しました。

しかし、後日、Cさんは、浴槽内で体の向きを変えた際に、強引に引っ張られたことから擦過傷が生じたと主張し、施設Z側はこれを否定しました。

そのため、サービス提供時に、擦過傷が生じたかどうかが裁判で争われることとなりました。

賠償額
請求棄却
（施設に賠償の責任なし）

裁判で請求が棄却された理由

- タンカシートの上に横向きに寝かせることはほとんどない
- あったとしても、タンカシートと体を浴槽に沈め、湯の浮力を利用して体の向きを変えることから、強引に体の向きを変えることはない
- 当日、利用者が擦過傷のクレームをしていない

事例から学ぶポイント

- 利用者からのクレームを含め、サービス記録をきちんと取っておいた
- クレームの電話を記録していたことも棄却の認定につながった

事例全体を見て

事例を3つほど紹介しましたが、一括りに入浴事故といっても、その事故の発生原因は多数あります。

説明した事例①は、一人で入浴した際の入浴方法や説明に関する事故です。この事例では、給湯設備の使用方法をきちんと説明していなかったこと、入浴時間終了時に入浴状況を確認しなかった点が問題となりました。

事例②は、入浴施設の安全管理に関する事故でした。この事例では、認知症の入居者が、職員の許可なく入浴室に立ち入って死亡したということで、入浴施設の施錠をきちんとしていなかった点が問題となりました。

事例③は、入浴介助中に関するものでした。この事例では、訪問型の入浴サービスにおいて、入浴中の介助方法により利用者が傷を負ったのではないかが問題となりました。

入浴事故において過失が問われるポイント

- □ 入浴という行為自体、高齢者にとっては、転倒による骨折や温度変化による血圧の急変、火傷、溺死といった危険を内在する行為であるが、これらの入浴行為に関する対策を怠っていた場合

- □ 入浴という行為そのものだけでなく、入浴施設自体が危険を内在している設備であるが、入浴施設の安全管理を怠っていた場合

事故の発生を防ぐために

入浴に関する事故を防ぐために、大きく2つの視点からの検討が必要になります。

1つ目は、「入浴方法」に関する対策――高齢者を入浴させる場合の適切な入浴方法を検討するということです。

具体的には、高齢者一人で入浴させることが適切か、湯船やシャワーの温度は適度に設定されているか、入浴施設の床は滑りにくい適切な素材・仕様になっているか、入浴時間は適切か、高齢者一人あたりの介助者数は適切かなどです。

2つ目は、「入浴設備」に関する対策――入浴施設の安全管理を適切に行うということです。

具体的には、入浴時間外に、入居者が入浴施設に立ち入ることができないよう施錠されているか、ボイラー室など周辺の設備にも接触することができないようになっているかなどです。

施設を確認しよう

入浴方法

- □ 一人で入浴するかどうかの基準を定めているか
- □ 介助の場合は介助者数を決めているか
- □ 入浴の時間（見回る時間）を決めているか
- □ 湯船やシャワーの温度は適度に設定されているか
- □ 熱湯が出ない工夫はされているか
- □ 浴室の床は滑りにくい素材になっているか

入浴設備の安全管理

- □ 入浴時間外には、浴室が立入禁止であることが周知されているか
- □ 入浴時間外の浴室は施錠されているか
- □ 高温になる場所に触れられないようになっているか

入浴事故に関する総まとめポイント

★★★★★

＜入浴事故の特徴＞

➡ 要介護者の入浴は、一歩間違えれば火傷や溺死など重大な結果に繋がる恐れのある事故となり得るため、特に対策が必要

＜入浴事故を防ぐためのポイント＞

➡ 入浴設備とは、実は危険な設備であることを介護職員に意識させることを周知・徹底

➡ 入浴方法に関するマニュアルの作成と見直し
（介助者数、入浴時間、湯温等）

➡ 浴室の床材・仕様の確認・変更

➡ 入浴設備の危険な場所の再確認
（高温となる場所など）

➡ 入浴設備に関するマニュアルの作成・見直し
（浴室の施錠確認、管理責任者の選定）

17 感染症

高齢者は抵抗力が弱くなっているため、集団で感染すると被害も拡大しがちです。

感染症とは

私たちの身の回りには、目には見えませんが、あらゆるところにウイルスや細菌、真菌などの病原体が潜んでいます。このウイルスなどの病原体が存在しただけで直ちに問題になるわけではありませんが、抵抗力が低下している場合など、病原体が人の中で増殖し、疾病を引き起こすことがあります。これが感染症です。

感染症の感染経路や病原体について、次ページの表で確認しておきましょう。

感染症事故の特徴

介護事業に関連して、褥瘡から感染症に至った裁判例というのはあったものの、集団感染症が施設内で拡散して裁判となったケースというのは、筆者が探した範囲では見つけられませんでした。

しかしながら、抵抗力が低下している高齢者が集団で生活する介護施設では、食中毒同様に感染が広がりやすい状況にあることは間違いありません。

また、病院など多数の人が来場して宿泊している施設では、相当数の裁判例があります。同じく、多くの職員や業者、利用者や家族が行き来あるいは生活している介護施設においても、集団感染症による事故は発生し、裁判になる可能性があるということは意識しておきましょう。

感染症事故と法的責任

では、この感染症事故が発生した場合の法的に生じる責任の傾向や特徴を確認していきましょう。

まず、職員または施設の過失によって感染症事故を起こしてしまった場合には、生命身体に対する損害となり、事故に遭ってしまった利用者や家族に、賠償金を支払わなければならないということです。

感染症の種類によっては、生命を脅かすような、また後遺症を残すような重大な事故に繋がる可能性もあります。

これに加えて、特に集団感染症の場合には、転倒・転落事故や誤嚥の場合と異なり、施設の規模や入所者数によっては、感染症の拡大により感染者数が爆発的に増えて、一人あたりの賠償額が少なくても、全体としてみれば大きな賠償額になっていく可能性もあります。

さらに、感染症を発生した施設ということで、食中毒の場合と同様、風評損害（レピュテーションリスク）が発生する可能性があります。

事例を見て、しっかりと予防策を検討するようにしましょう。

主な感染経路と病原体

感染経路	特徴	主な原因微生物
接触感染 （経口感染含む）	手指、食品、器具を介して伝播する頻度の高い伝播経路である。	ノロウイルス 腸管出血性大腸菌 MRSA 緑膿菌　など
飛沫感染	・咳・くしゃみ・会話などで、飛沫粒子（5μm以上）により伝播する。 ・1m以内に床に落下し、空中を浮遊し続けることはない。	インフルエンザウイルス ムンプスウイルス 風しんウイルス レジオネラ菌　など
空気感染	・咳、くしゃみ、会話などで、飛沫粒子（5μm以下）により伝播する。 ・空中を浮遊し、空気の流れで飛散する。	結核菌 麻しんウイルス 水痘ウイルス　など
血液媒介感染	病原体に汚染された血液・体液・嘔吐物が、針刺し事故等により体内に入ることにより感染する。	B型肝炎ウイルス C型肝炎ウイルス HIV など

出典：厚生労働省「高齢者介護施設における感染対策マニュアル」より

感染症の裁判事例①

（東京地判平成26年2月3日）

利用者Aさんは、施設Xの入居1年前に、診療所を受診したところ、右大転子部に褥瘡を発症しているとの診断を受けました。

その後の施設Xの介護日誌の状況から、4か月後に、Aさんには臀部表皮に剥離と出血が、その2週間後に仙骨部表皮剥離が見られました。さらにその1週間後には、臀部の皮膚状態の悪化が認められたことから、皮膚科を受診し、壊死組織の一部を除去する処置が行われました。

またさらに1週間後には、総合病院を受診し、入院することになりましたが、約7か月後に死亡しました。

この経過について、Aさんの家族は「施設Xが、2時間おきに体位交換を行わず、オムツの交換を行わず患部の清潔を保持しなかった。観察を怠り、皮膚科の受診が遅れたため、Aに褥瘡や尿路感染症を発症させた」として、施設Xの過失の有無を裁判で争いました。

賠償額
請求棄却
（施設に賠償の責任なし）

裁判で請求が棄却された理由

- 施設Xは、臀部を観察して異常を認めた時に、適宜、専門医（皮膚科）を受診させていた
- 臀部を観察しなかったとは言えず、また、体位交換やオムツ交換を行っていなかった形跡は認められない
- 尿路感染症が施設の義務違反であるとは認められない

事例から学ぶポイント

- 介護記録はきちんとつけておく
- 異常を感じたときには、速やかに医師の診察を受診する

感染症の裁判事例②

（東京地判平成19年4月20日）

利用者Bさんは、施設入所の5年ほど前から認知症の症状が出現し、入所の年には、寝たきりの状態となり、仙骨部に褥瘡が発生していました。

その後、Bさんは急性腎盂炎等により入院し、褥瘡の治療も行われました。退院後に施設Yに入所した際には、Bさんの褥瘡は治癒していましたが、跡が残っていて施設Yもこれを認識していました。

入所から約2週間後、Bさんの左下肢が骨折していることが判明しましたが、骨折の具体的な日時、原因等はわかりませんでした。また、Bさんの左大転子部と仙骨部に褥瘡が発生していることも判明しました。施設Yでは、骨折の判明まで、体位変換等の処置をしていませんでした。

その後、褥瘡からMRSAを発症・治癒するも、褥瘡自体は完治するに至らず、尿路感染症等を発症して死亡。死亡診断書には、直接の死因として「褥瘡感染症」と記載されました。そのため、Bさんの家族らは、骨折、褥瘡、尿路感染症等の責任は施設Yにあるとして裁判所に訴えました。

賠償額
約813万円

裁判で指摘された問題点

- 転落転倒以外による骨折を防止するための十分な対策があったとは言えない
- 入所から２週間が経っており、骨折の原因や事情がわからないということは動静を注視し、危険行動を防止することに反していたと言える
- 褥瘡を発生させやすい要因を認識していたにもかかわらず、骨折が判明するまで体位交換や無圧布団を使用することもなく処置を怠った

事例から学ぶポイント

- 入所前から褥瘡もしくは跡があるような場合には、褥瘡のケアに注意する
- 感染症を引き起こし損害が拡大する可能性もある

感染症の裁判事例③

（横浜地判平成24年3月23日）

利用者Cさんは、施設Zの入所前に要介護4の認定を受けていました。また腰椎圧迫骨折によって入院した際、仙骨部（腰背部）に褥瘡を生じており、退院時においても治癒せず、かかりつけのクリニックで診察を受けていました。

Cさんの入居後は、ほとんどをベッドに寝た状態で過ごしていたため、施設Zが、2時間ごとに体位変換を行い、また、褥瘡の処置も行っていました。しかし、その後、Cさんが体温の上昇と薬による下降を繰り返したことから、病院に入院することとなりました。入院時には、褥瘡からの悪臭が強く、滲出液と出血がおむつまで汚染している状態でした。医師が褥瘡を観察したところ、褥瘡感染から敗血症の進展が疑われたことから外科的処置が施されましたが、術後4日後に亡くなりました。死因は、褥瘡からの細菌感染症を原因とする「敗血症」でした。

賠償額
約2160万円

裁判で指摘された問題点

- 利用者は、高齢であること、寝たきりの状態であること、糖尿病であることなど褥瘡が生じやすく治りにくい要因があった
- 施設は、体位交換や薬の服用、洗浄・貼り薬の交換を行っていたが、褥瘡が拡大、悪化してからは、このような処置だけでは足りなかった
- 褥瘡からの細菌感染が原因で敗血症を発症し、それにより全身状態の悪化を来たし死亡したと認められる

事例から学ぶポイント

- 褥瘡から細菌感染を起こし、死亡という重大な事故につながり、施設が責任を負う可能性がある
- 褥瘡に限らず、利用者の疾病等が悪化したときは、速やかに医師の診断を受けることが肝要

事例全体を見て

褥瘡の事例を3つほど取り上げましたが、施設側の対応によって、介護事業者の法的責任が発生するか否かが分かれることが見て取れたと思います。

事例①では、介護事業者の法的責任は問われませんでした。褥瘡を観察して、異常を認めたときには、すぐに専門医に受診させたこと、そして、介護記録をきちんとつけていたこと、この2点が介護事業者の法的責任を免れたポイントと言えます。

逆に事例②では、入所前に発症した褥瘡の跡を認識しながら、体位交換などの対応をしなかったことが問題となりました。

事例③は、医師の診断を受けるのが遅く、褥瘡を悪化させてしまい、結果死に至らしめるという重大な事故になったことにより、損害額も大きくなりました。褥瘡が拡大、悪化したと感じる場合には、速やかに、医療機関に相談し、処置を確認することが必要なことがよくわかると思います。

感染症を発症する「褥瘡」を防ぐことが重要！

褥瘡になりやすい人

- 寝たきりなど、長時間同じ体位を続けている人
- 圧迫を受けている人
- 浮腫のある人
- 栄養状態の悪い人
- 脳神経系・循環器系の疾患がある人　など

褥瘡事故を防ぐポイント

- 体位変換を適切に行う
- 全身の皮膚を清拭し、清潔に保つ
- こまめなオムツ交換と寝具類を清潔にする
- 入所前から褥瘡がある、または跡がある場合には、褥瘡のケアに注意
- 異常を認めた場合には、速やかに医療機関を受診
- 介護記録をきちんとつけておく

介護施設で注意したい感染症

ここまで褥瘡の事例を見てきましたが、高齢者が多く生活する介護施設で注意したい感染症は、もちろん他にも存在します。

介護施設では特に、①利用者にも職員にも感染が起こる可能性のある感染症、②抵抗力の低い人に発生する感染症について注意し、予防対策を講じる必要があります。インフルエンザやノロウイルス感染症などは①に、MRSA感染症などは②にあたります。

これらの感染症は、介護施設でも発生する可能性があるため、予防対策は事業者として当然必要ですが、利用者が感染症に罹患したからといって、直ちに事業者が法的責任を問われるということではありません。

手洗い・消毒など一般的に求められる程度の感染予防対策を講じていなかったり、利用者が感染症に罹患したにもかかわらず、十分な対策を取らずに感染症を多数の利用者に広げてしまったり、ということがあれば、法的責任を問われる可能性は高くなるでしょう。

褥瘡の例でも見ましたが、他の感染症でも、早い段階で医師の診断を受けることが肝要です。

基本的な感染症対策チェック

①感染源の排除
- ■嘔吐物、排泄物
- ■血液、体液、分泌物
- ■使用した器具、機材

- □手袋着用
- □手袋脱ぎ後の手洗い・手指消毒

②感染経路の遮断
- ■感染源を持ち込まない
- ■感染源を持ち出さない
- ■感染源を拡げない

- □手洗い・うがい励行
- □環境の清掃
- □マスクやエプロンの着用

③抵抗力の向上
- ■睡眠
- ■バランスの取れた食事
- ■適度な運動

- □利用者の健康状態を把握
- □健康状態向上に取り組む

感染症事故を防ぐための総まとめポイント

★★★★★

<感染症予防措置>

- 感染源の可能性がある排泄物等の取り扱い時には、手袋着用
- 手袋着脱後は、手洗い及び手指消毒を徹底
- 特に丁寧に清掃する必要のあるトイレの清掃・消毒の徹底
- インフルエンザなど、ワクチンがあるものは予防接種の励行
- 感染を疑ったら、病院に移送するまでは個室で管理する

<感染症が発症した場合>

- 看護職員に看護記録をつけさせる
- 速やかに専門医に受診させる
- 施設全体で情報を共有し、感染を拡げないよう努める
- 責任者は感染対策が確実に実施されているか、消毒薬や嘔吐物処理等に必要な用具が足りているか観察・確認

18 物損事故

物損事故は利用者自身の身体や生命にかかわる重大事故とはなりにくいですが、物の価値は人によって異なります。他の事故同様、十分に注意が必要です。

介護サービス中に起きる物損事故

掃除中に棚の物を落とす、洗い物をしていて食器を割る、掛け布団をストーブの側に干していて表面を焦がすなど、利用者の所有物を壊してしまう、いわゆる物損事故というのは在宅介護の現場で生じやすい事故といえます。

介護サービス中に、ヘルパーが利用者の所有物を誤って壊したのであれば、故意でなくとも、その賠償や補填をする責任が生じます。

事業者としては、「物損事故は、モノを壊した当人であるヘルパーの不注意のせいだから、ヘルパー個人の問題としてヘルパーが責任を負うべきで、事業者は場合によってサポートをすればよいのではないか」と思いたくなるでしょう。しかし、実情としては、ヘルパー個人ではなく、より資金力のある事業者の方に対して、賠償や補填を求めてくることが普通です。

物損事故における法律関係を整理

介護サービスの利用契約というのは、あくまでも利用者と事業者との間での契約です。このため、何か問題があれば、契約の当事者である事業者が「債務不履行責任」を負います。

あるいは、誤ってモノを壊してしまったのはヘルパー個人であるため、民法上の不法行為責任の主体はヘルパー個人ですが、介護サービスにおいてヘルパーを従業員等として自らの事業に使用している事業者は、民法上の「使用者責任」として、賠償や補填をする責任を負うことになります。

ちょっと待った！ 本当にヘルパーが壊したの？

法律関係の簡単な整理として、ヘルパーがモノを壊してしまったのであれば、実情としては事業者が責任を求められると説明しました。

しかし、何より重要なことは、本当にヘルパーが壊したのか、言い換えれば、ヘルパーの行為が原因でそのモノが壊れたのか、その事実をまずは確認することです。

例えば、ヘルパーから「私がモノを踏んで壊してしまった」という報告があったとします。ここで、何が起きたのか、ヘルパーに事実を詳しく説明させたところ、ヘルパーは自らモノを踏んだ認識はないが、単に利用者から「あなたが今これを踏みつけて壊した」と言われ、ヘルパーとしても「気がつかないうちに自分が踏んでしまったのかと思った」という経緯が明らかになるかもしれません。そうであれば、本当にその時にヘルパーが踏んでしまったのか、それとも、実はもっと以前に利用者が自ら気がつかないうちに踏んで壊してしまっていたが、たまたまヘルパーが来たときに壊れていることに気がついただけなのか、その点が問題になることは明らかでしょう。

賠償すべきなのか否か、何かを判断してしまう前に、ヘルパーから事実を詳細に聞き取ることがスタートポイントです。

物損事故対応フローチャート

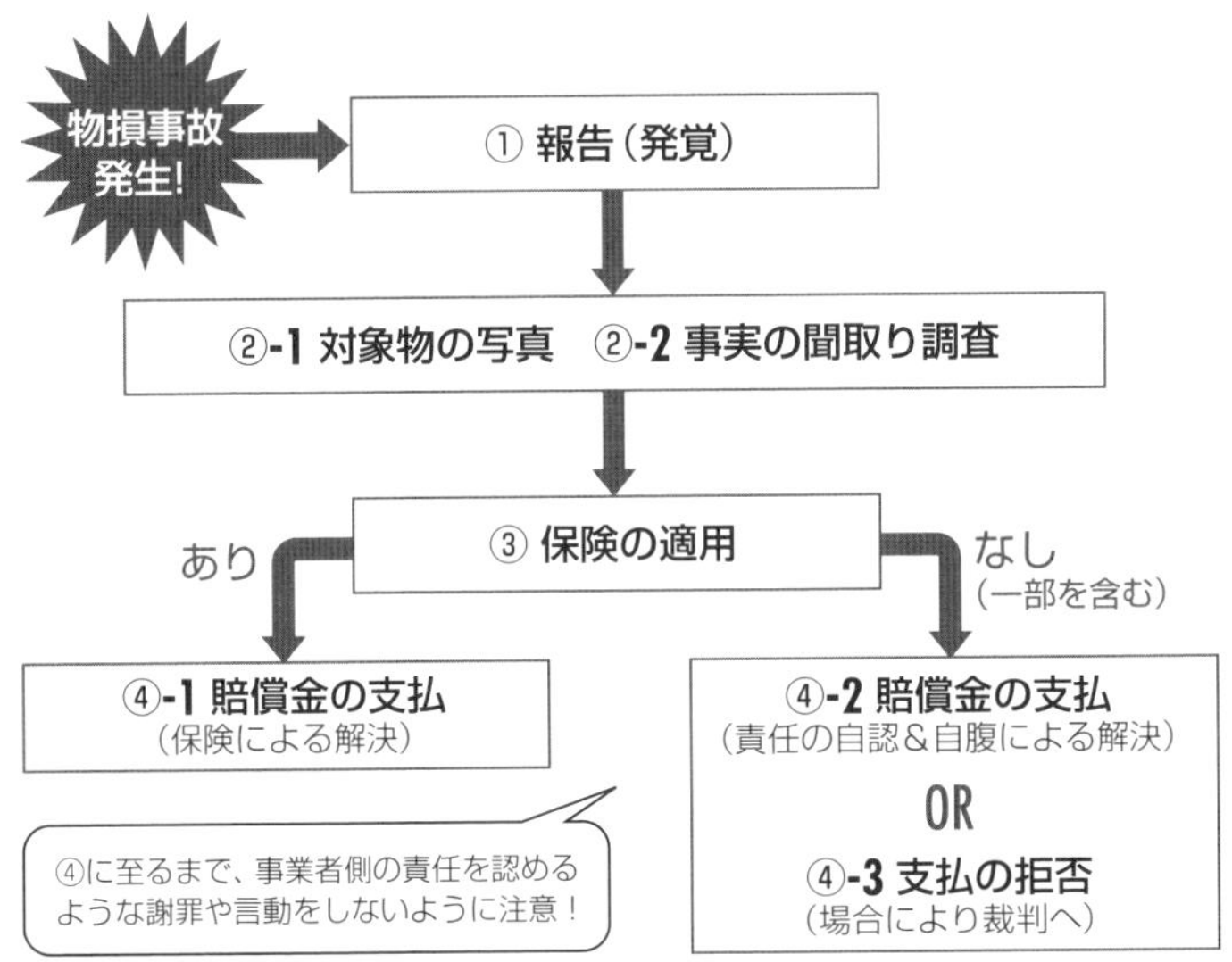

物損事故のトラブル事例①（掃除の際の器物破損）

在宅介護サービスを行っていたヘルパーTは、掃除機をかけようとしていたところ、利用者Aさんに「ほこりがたまっているから掃除機をかける前にハタキをかけてほしい」と頼まれ、ハタキを使用して掃除を開始しました。棚を掃除していたところ、ハタキをひっかけて棚に置かれていた花瓶を割ってしまいました。

ヘルパーTは、すぐに利用者に花瓶を割ってしまったことを報告・謝罪し、弁償することを約束して、割った花瓶を片づけました。

事業所へ戻ってから、今回の事故を責任者へ報告し、後日改めて事業者とヘルパーTとで利用者宅へ謝罪にいきましたが、その時には割れた花瓶は捨てられた後でした。

利用者からは、「Tさんから弁償してくれると聞いていたので、新しく同じ花瓶を買った。領収書があるので、その金額を弁償してください」と言われてしまいました。

既に壊れた花瓶がないので、同じものかどうか判断つきませんでしたが、これ以上、もめるのも良くないと思い、事業者は利用者の言い値を支払うことで示談にしました。

事例から学ぶポイント

- ヘルパーの独断で「弁償する」などと言わないように指導すること
- 壊れてしまったものは、利用者の了解を得た上で、可能な限り壊れた時のままの状態にて、事業者の下へ運搬すること、または写真に撮っておくことが重要
- ハタキをかける際は、倒しやすいものは避けておくなど、物損事故につながりそうな状況を事前にヘルパーに指導しておく
- 事業者は事前訪問（もしくは初回時にヘルパーと同行）を行い、その場で「物損事故につながる環境要因はないか」を調査すること

物損事故のトラブル事例②（洗濯機の故障）

在宅介護を利用していた利用者Bさんから、「先日、ヘルパーFさんがうちの洗濯機を壊してしまった。古い洗濯機だし、仕方ないかとも思ったが、ヘルパーFさんが会社は保険にも入っているから話してみた方がいいと教えてくれたので連絡しました。もう新しい洗濯機を買ったので、その金額を支払ってほしい」と介護事業所に電話がありました。

連絡を受けた事業者は寝耳に水だったため、詳細を確認してからご連絡すると約束し、電話を切りました。

事業者は、Bさん宅に派遣していたヘルパー2人に話を聞いたところ、「洗濯機は2層式のもので古く、利用しているときに時々脱水が止まることがあった」「本体を軽くたたくと再度動き出すことがしばしばあった」ということで、ヘルパーFが壊したのではなく、洗濯機の寿命で動かなくなったことが推測されました。

なぜBさんに賠償保険を勧めたのか、ヘルパーFに確認したところ、「Bさん宅は経済的にも裕福な方ではないし、保険で直せれば会社も損害を負わないから良いかと思って、Bさんに話した」とのことでした。

事実関係を整理した上で、Bさん宅へ事業者、ヘルパーFとで伺い「賠償事故ではないので保険金のお支払いはできないこと」「ヘルパーFの軽率な言動により、保険適用できるかもしれないと誤解させたことを謝罪」し、何とか了承いただき、解決しました。

事例から学ぶポイント

- ヘルパーが事業所への相談・報告もなしに、独断で「賠償する」や「保険で何とかなる」などの安易な発言をしないよう徹底する
- ヘルパーが事故と賠償責任の関係について理解が乏しいことがあるので、再度研修等を実施し、理解を促す
- 利用者宅でトラブルが起きた際は、必ず事業者（責任者）に報告するよう徹底する

壊れてしまったモノは保存が必要

ヘルパーが物損事故を起こしたときは、すぐに事業者に報告し、対応を相談することが重要なことは事例のポイントにも挙げましたが、のみならず、壊れたモノもきちんと確保して、利用者に了承を得た上で、可能な限り壊れたときのままの状態にて、事業者の下へ運搬し、事業者において保存してしまうことが重要です。もし運搬や保管が難しい場合は、写真を撮っておきます。

ヘルパーの独断で安易に責任を認めない

事実整理を行うと、モノが壊れたのはヘルパーの行為が原因ではないことや、あるいは利用者にも原因の一部があり、賠償責任を減免させる事情は意外と出てくるものです。

しかし、法的には、一度責任があると認めてしまうと、これを後に撤回するような態度は許されないとされる傾向が非常に強いものです。

事例②では、ヘルパーが事業所に報告せずに利用者に保険が使えるかもしれないと話してしまっています。これは、物が壊れたことについて、ヘルパーが自らの行為に原因や責任があることを認めたと取られてもおかしくありません。

そして、たとえヘルパーが事業者に報告も相談もないままに勝手にその責任を認めてしまったとしても、それは介護サービス中のことである以上、通常は、事業者として責任を認めたことになってしまいます。

しかし、事例でも見たように、賠償責任保険は、あくまでも法的にみて事業者に過失があることが適用の前提であり、本当は過失はないのに、ヘルパーや事業者がその責任を利用者に対して自ら認めてしまったというような場合には適用されません。保険が利用できない以上は、自ら認めた金額について、事業者は自腹で賠償することになってしまいます。

まずは事業者に報告

こうした事態にならないためには、何か問題が起きてしまった時には、ヘルパーはすぐに事業者に詳細を報告し、対応を相談することが先決です。

そして、そもそもこのような報告や相談をする前にヘルパーには、①利用者とは話し合いをせず、②事業所の担当窓口から電話をさせるとだけ伝えること、この2点を日頃から徹底させておくことが重要です。

いくら賠償すればいいのか

調査の結果、ヘルパーの行為が原因でモノが壊れたことは間違いないとわかった場合、いくら賠償すればよいのかを考えることになりますが、実際、いくらが適切なのかを決定するのは容易ではありません。

法律的には、損傷した物が修復可能であれば「損傷」としてその修理代金相当額について賠償する責任を負います。一方、修復不可能の場合や修理代金が時価を上回ってしまうような場合は「全損」となり、物が壊れた時点での時価相当額を賠償する責任を負います。

損傷の状態により対応が異なる

修復可能		修復不可	
損傷	実際にかかった修理代金や、修理見積額を賠償する	全損	・購入して数日以内のような物であれば、新品価格やそれに近い金額を賠償する ・使い込んだ家電や調理器具等の算定には、利用者と事業者が、互いに納得できる客観的な資料（例えばインターネットオークションで、同種同型の物で、年式も近い落札実績のあるもの等）を用意し、折り合いをつける

物損事故が起きたときの対応手順

①発覚

まず、物損事故が起きたことを事業者が把握することから始まります。

②壊れたモノや状況の保存

報告を受けた直後に、出来る限り速やかに行うべきことは、客観的状況の記録、保存です。

壊してしまった直後にヘルパーから連絡を受けたときは、まず、壊れたモノそのものを利用者から一言承諾をもらって、持って帰ってくるように指示しましょう。また、同じく利用者から一言承諾をもらって、モノが壊れたその場の状態を携帯電話のカメラ等で写真に記録しておくことも重要です。

一度モノを動かしてしまえば記録ができなくなってしまいますから、ヘルパーには日頃から物損事故が起きたときはすぐに状況を写真に保存するように、指導しておくことが必要です。

③聞き取り調査

聞き取りの対象は、主にヘルパーです。ヘルパーの記憶が新しいうちに、事故が起きた前後も含めて詳細な事実を聞き取り、必ず聞き取ったその場でメモやワードファイル等に記録しましょう。もちろん、録音ができれば一番よいでしょう。

認知症の進んだ利用者等、利用者によっては説明ができない状態の人もいるはずです。そのような場合でも、この事実調査の段階では事業者に有利なヘルパーの説明だけを見るのではなく、まずは中立的な視点に立って状況を判断することが全てのスタートラインといえます。まずは客観的な全体像を把握することが重要であり、事業者にとって有利な事情のピックアップはそれからの作業です。

高価なモノを壊してしまった重大な事故など、場合によっては弁護士に依頼してポイントをおさえた聞き取りを実施してもらうことも必要です。

④賠償責任保険の適用の可否の確認

物損事故の報告があったときには、これまで述べたような調査を事業者において自らすぐに行うのと同時に、ある程度調査が進んだ段階で、早めに保険会社へ連絡して、今回の事故について保険が適用されるか否か、調査と回答を求めましょう。

⑤責任を認めるor認めないの判断

物損事故については、事実の調査と保険の適用の可否を調べて、それが終わってからようやく事業者として謝罪や弁償をするのか否か、その判断が可能になります。

保険によって利用者の求める賠償金の全額が支払われる場合は、早々に解決させることができますが、問題は保険が全く適用されない(もしくは一部支払われない)と判断された場合です。保険会社の判断は、事業者には法律上の損害賠償責任がないとされたということですが、利用者との裁判沙汰を避けるべく、事業者が持ち出しで全額を賠償して事故を収束させるのか、あるいは保険が利用できない以上、利用者の請求を拒み、場合によっては裁判となることも仕方がないとするのか、この点については、弁護士と相談しながら検討することをお勧めします。

物損事故後のフロー

1	事故の発覚
2	壊れたモノの保存 (モノそのものの保存と写真による状況の保存)
3	聞き取り調査 (職員と利用者、双方から話を聞く)
4	賠償責任保険が適用されるか、保険金がいくらになるか確認
5	責任を認めるかどうかの最終判断

19 紛失事故

紛失事故は高齢者の生命を脅かすものではありませんが、事業所への信頼にかかわってきます。

介護サービス中に起きる紛失事故は？

特に在宅介護サービスでは、物損事故と同様に、紛失事故についても、事業者として注意をしなければならないことの一つです。

在宅介護サービスをヘルパーが実施した後で、利用者から、高価なものがなくなっているという連絡を受けたり、あるいは施設内部においても、利用者の個室から現金がなくなってしまったという事態が発生したりした場合、どのような対応をするべきでしょうか。

基本的な法律的関係の整理

ここでも、物損事故と同様の法律関係が成り立ちます。すなわち、介護サービス中に起きてしまったこととは、ヘルパーが利用者の所有物を誤って紛失してしまった、あるいは、もっと事態は悪く、ヘルパーやスタッフが利用者の所有物を盗んでしまった場合でも、やはり事業者にその賠償や補填をする責任が生じます。

特に、ヘルパーやスタッフが利用者の所有物を盗んだという場合には、窃盗罪（刑法235条）として立派な刑事事件です。

この場合、事業者としては、「さすがにヘルパーやスタッフが人様のモノを盗んでしまうなんて、刑事事件を引き起こしてしまうなんて、予想もしていなかった。面倒見きれないし、責任を負うなんて考えられない」と思いたい方も少なくないようです。

しかし、やはり介護事業者がその介護事業をするために働いているヘルパーやスタッフが行ってしまった行為である以上、物損事故の場合と同様に、利用者との利用契約の当事者である事業者が債務不履行責任を負い、あるいは、民法上の不法行為の「使用者責任」として、賠償や補填をする責任を負うことになります。

刑事事件の対応

ヘルパーやスタッフが利用者の所有物を盗んだという場合には、窃盗罪として、盗んだ本人であるヘルパーやスタッフは、個人として刑事責任が問われることになります。

その場合、多くの事例では、ヘルパーやスタッフは逮捕・勾留されたり、起訴されたりして刑事裁判となることが通常です。

被害金額が大きい事件など、場合によっては、窃盗事件が生じヘルパーやスタッフが逮捕されたという事実が大きく報道されることもあるでしょう。そうなると、介護事業者としては自己のサービスの大きなイメージ損傷になりかねません。

そのような事態に至る前に、窃盗事件が事業者に発覚した時点から、早めの段階で、ヘルパーやスタッフを使用していた事業者として利用者に謝罪し、一定の賠償や補填をして、いわゆる示談で解決させ、大きな刑事事件に発展させないという手段も、事業者としては当然考慮すべき一つの選択肢です。これについては、そのような示談をすべきか否かを検討し、また、実際の示談交渉をやってもらうために、早めに弁護士に相談するのが適切です。

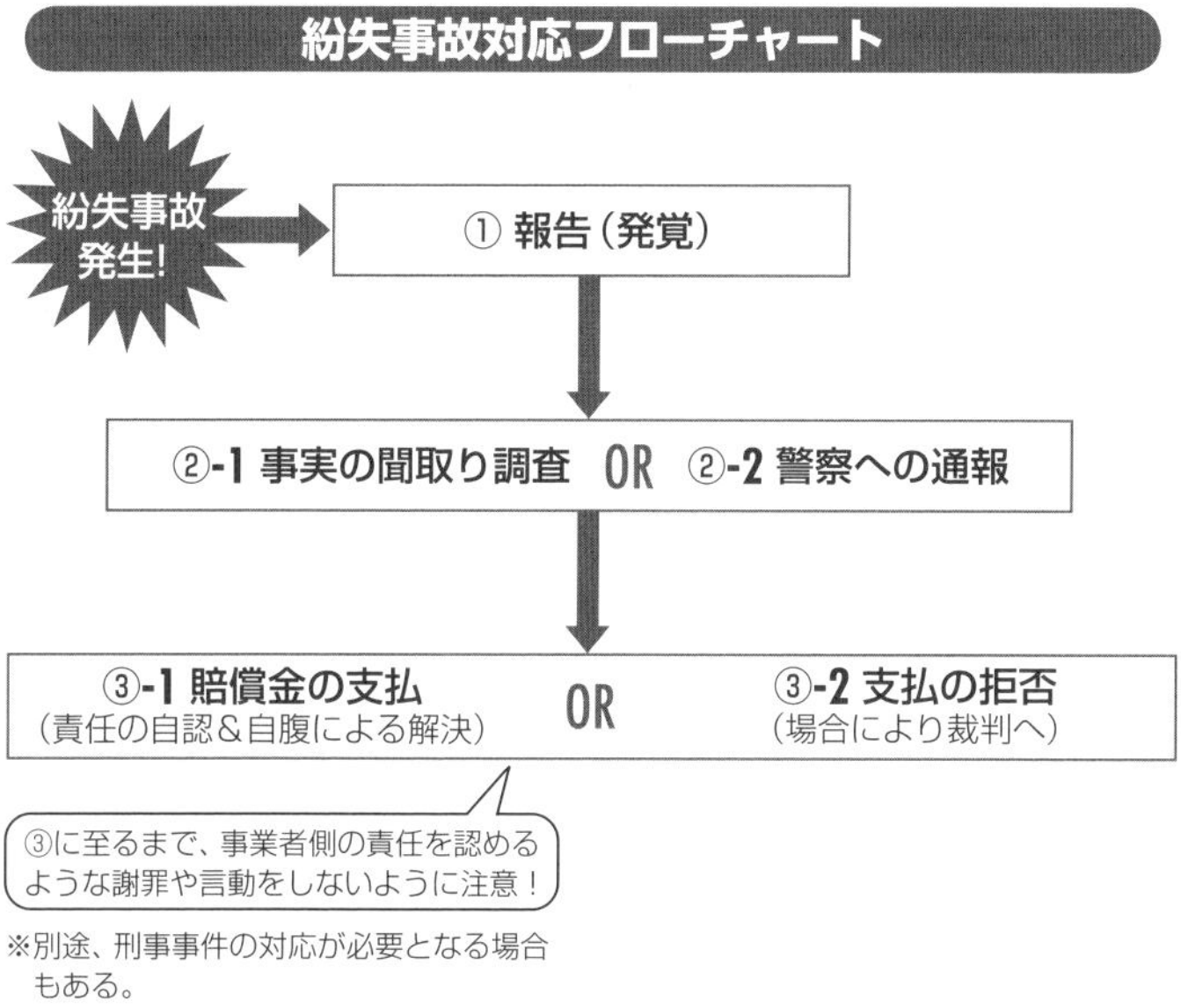

※別途、刑事事件の対応が必要となる場合もある。

紛失事故の裁判事例①（介護ヘルパーの窃盗）

（札幌地裁小樽支部　平成21年4月24日）

介護ステーションから派遣されたヘルパーのXは、自らの借金を返済するために、平成18年〜平成20年にかけ、派遣先の高齢者宅2軒から、ブランドバッグや高級ネックレスなど計約318万円相当を窃取し、売却してしまいました。

在宅介護認定を受け、ヘルパーの派遣をしてもらっていた被害者である利用者Aさんは、ヘルパーXのことを働き者で、よく気が付くと信頼していました。しかしある時、大事にしていたネックレスがなくなり、またお金もなくなっていることに気がつき、Aさんの家族は疑心暗鬼に陥っていました。

またある時、金無垢の時計がなくなり、介護ステーションに忘れたのではないかとヘルパーXが言い出したことから怪しいと感じ、Aさんのご家族が警察に被害届けを出しました。

ヘルパーXが、別の窃盗容疑で逮捕されたことから、今回の窃取についても判明し、起訴され有罪判決が言い渡されました。

判決
窃盗罪により
職員の懲役2年
（執行猶予3年）

裁判で指摘されたポイント

- 本来高齢者を助ける立場にあるヘルパーが、身勝手で短絡的、かつ被害額は高額な犯行に及んだことは言語道断

本事例から学ぶポイント

- 雇用する職員の精神的健康状態に異常がないか事業主はストレスチェックなどを検討
- ひとたび職員が事件を起こせば、事業所として信用を失う（レピュテーションリスク）ことを理解し、職員指導に努める
- 民事責任（損害賠償）については、事業所が法的責任を負うこともある

紛失事故のトラブル事例②（利用者の補聴器紛失）

76歳の利用者Bさんは、介護施設Yに短期入所生活介護（ショートステイ）として2日間入所しました。そこで左耳片方に装着していた補聴器を紛失していました。

しかし、Bさんは紛失したことにすぐに気づかず、自宅に帰ってから紛失に気づきました。

「ベッドで横になっている時に、紛失してしまったのではないか」という家族から申し出があり、施設YではBさんが泊まっていた居室を中心に探しましたが、発見には至りませんでした。そこで、Bさんの家族には、施設内を探したが見つからなかったと伝え、間に合わせに施設Yで常備していた補聴器タイプの集音器を渡すことで解決しました。

物の紛失はショートステイではよく起こるトラブルの一つです。特に、大きな施設になると、たくさんの利用者がいるため物がなくなる可能性が高くなりますので特に注意が必要です。

本事例から学ぶポイント

- 紛失の場合、調査しても責任の所在がわからないことが多いため、安易に弁償などと言わないこと
- 問題を大きくしないため、今回の事例のように代替品等、利用者の不便を解消する方法を考えるとよい
- 紛失予防のために、入所時と退所時には所持品のチェックリストなどを作成するとよい
- 利用者（家族）の理解が得られる場合は、写真に所持品を収めておき、退所時に確認する

対応手順

紛失事故が起きたときの事業者の対応は、基本的には物損事故における対応手順と同様です。

①紛失の発覚からの事実調査

紛失が発覚したときは、物損事故と同様、まずは事実の調査が重要です。

なくなったモノの形状や大きさ、どこに置かれていたものなのか、いつからそこに置かれていて、いつの時点で紛失に気付いたのかといったことが重要です。特に紛失は、「いつなくなったのか」という時間的要素が重要になってくるでしょう。

また、利用者の所持品チェックリスト等を作成している場合は、本当に持ち込まれたモノかどうかの確認をしましょう。利用者の中には、持ち込んだと思い違いをしているケースも考えられます。

②責任を認めるか否か

事実の調査確認を経て、事業者として紛失の責任を認め、謝罪や賠償をするか否かを判断するのは物損事故と同様です。

もっとも物損事故と異なり、実際には、事実を詳しく聞き取り、さまざまな調査をしても、いつどこでモノが紛失したのか、故意的な窃盗事件だとしても誰が盗んだのか、その認定や判断は一筋縄ではいかないことが多いでしょう。

したがって、紛失事故が起きたからといって容易に事業者の責任を認めないことが重要です。施設内で紛失したからといって、すべてが事業者の責任になるわけではなく、所有者（利用者）のモノの管理状況なども法的責任を考える上では重要な要素となります。

また、外注している洗濯業者が洗濯物を紛失してしまった場合など、外注先において紛失が生じたケースにおいては、外注先との契約書に、事業者と外注先とでどのような責任負担とすると記載されているのか確認する必要もあるでしょう。ただし、外注先に非があったとしても、利用者との関係では事業者責任を負う点は注意が必要です。

紛失事故の責任とリスク

- 職員が誤って紛失、もしくは故意に窃取した場合には、事業所が法的責任を負う
- 職員が窃取などの事件を起こせば、事業所は法的責任だけでなく、レピュテーションリスクを負う
- 職員のストレスチェックなど、利用者のモノを盗む事態を発生させないよう事業者として取り組む必要がある

紛失事故が起きた時の注意点

- □まず、いつどこでなくなったのか、調査を事故後速やかに行うことが重要
- □誠意を持って対応すべきであるが、安易に事業者の過失・責任を認めない
- □施設の中で紛失したからといって、すべてが事業者の責任になるわけではない
- □モノの所有者である利用者本人の保管状況なども関係するため、責任の所在を決めるには、さまざまなことを考慮・検討すること

20 送迎中事故

ここでは、介護利用者を車で送迎しているときに事故が起こってしまった場合について見てみましょう。

介護サービスに送迎事故はつきもの

通所サービス事業に限らず、ショートステイや利用者の外出など、介護サービスにおいては、利用者を車で送迎することが日常的にあります。

その中で交通事故も多く発生しています。厚生労働省の調査によれば、社会福祉・介護事業者のサービス中に発生する交通労働災害について、平成27年上半期だけで156件と増加傾向にあることがわかっています。また、交通労働災害の特徴として、利用者宅への訪問途中が半数を占めますが、次いで利用者の送迎途中が多くなっています。

ドライバーではなく介護職員が運転

本来、利用者の送迎は、安全確保のためには、車の運転を専門とするドライバーのいる業者に委託することが最善です。しかし、実際には、施設の職員が大きなワゴン車などを運転して送迎を行っているのが実情です。職員は運転に特別な技能を持つわけではありませんし、疲労が蓄積している状態で送迎することもあるでしょう。そのため介護事業者からすれば、利用者送迎中に交通事故を起こすリスクが増大するということになります。

送迎対象は、高齢でそもそも介護が必要な利用者です。そのため、いざ事故が起きた場合は、通常の事故ではあまり考えられない結果にもつながりかねません。過去には、デイサービス職員の運転する軽自動車が道路脇のポールに衝突し、乗っていた骨粗しょう症の高齢女性が、事故の衝撃でシートベルトにより胸を締めつけられて骨が折れ、大動脈りゅうを損傷して死亡してしまったという事例もあります。

また、乗降時の転倒などにも注意が必要です。

社会福祉・介護事業における交通労働災害の発生状況

交通労働災害による死傷者数・死亡者数の発生状況の推移
（平成27年上半期速報値・「社会福祉施設」）

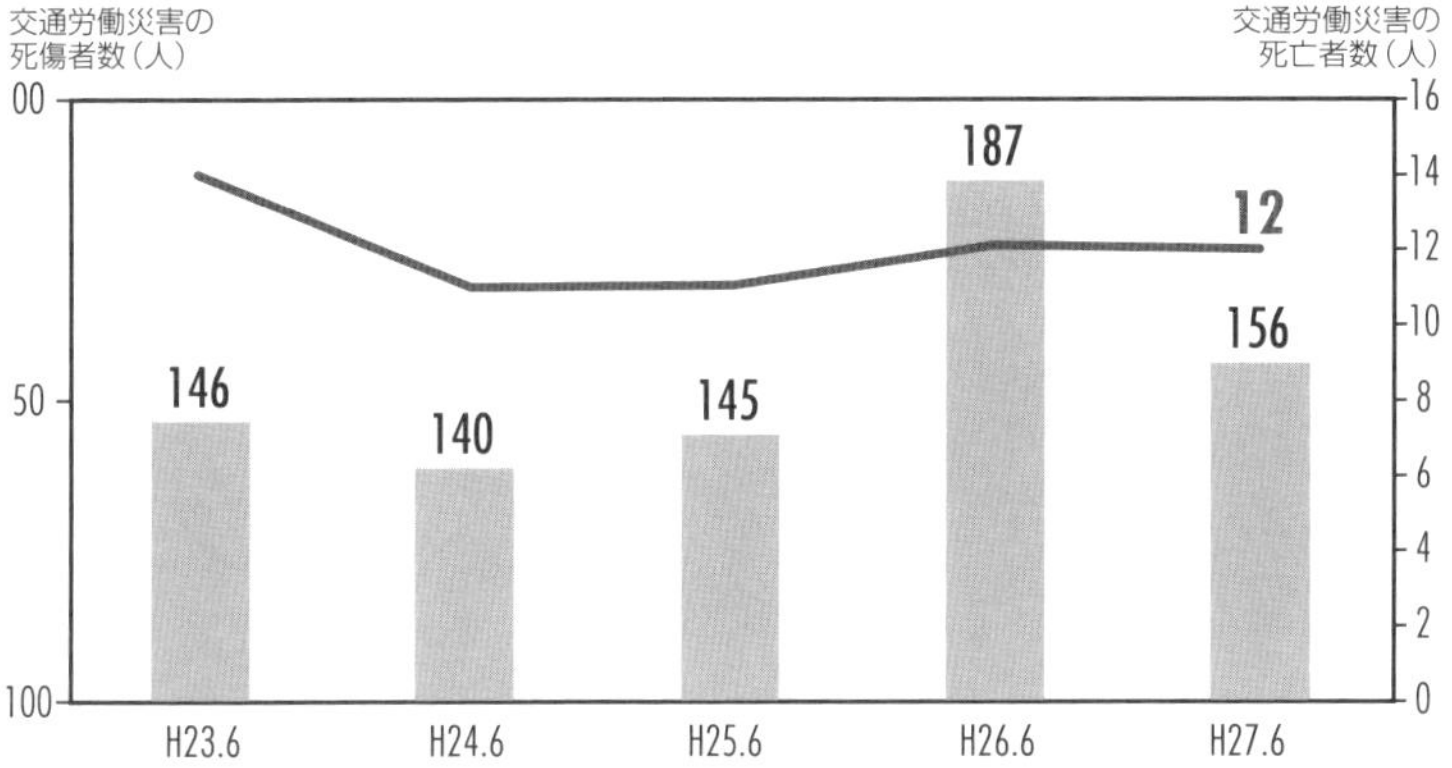

時間帯別交通労働災害発生状況
（平成27年上半期・「社会福祉施設」）

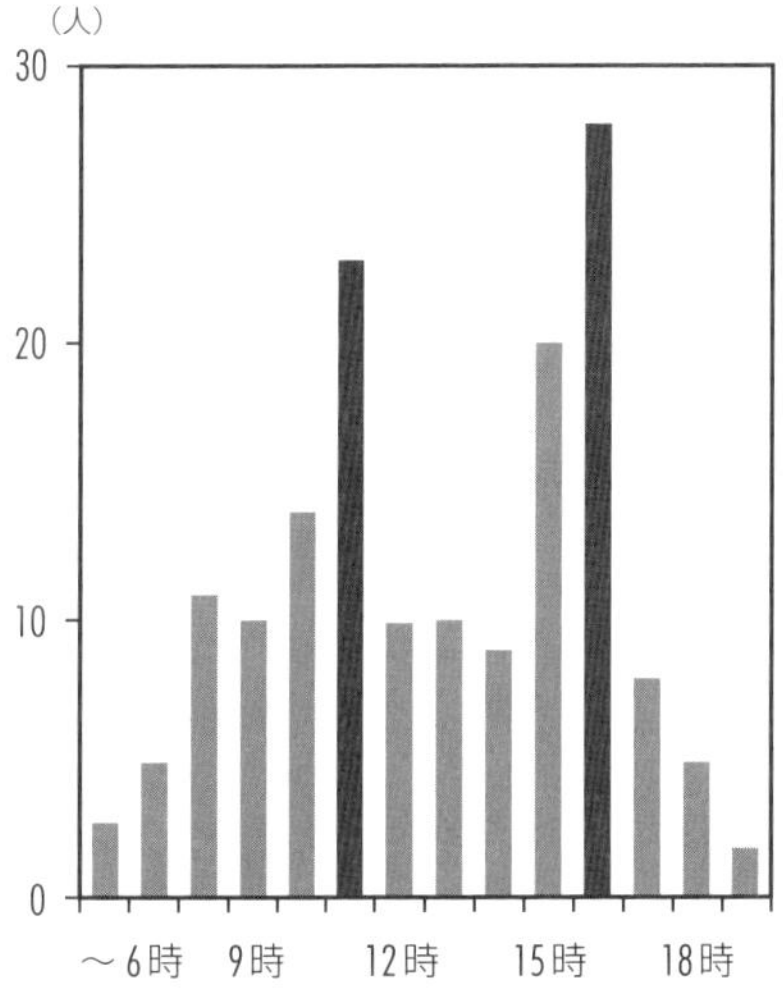

災害発生時の状況
（平成27年上半期・「社会福祉施設」）

災害発生時の状況	割合
利用者宅への訪問中など	54.1%
利用者の送迎中など	17.2%
その他	28.7%

重大災害の例（平成27年上半期）

- 送迎バスで送迎中、カーブを曲がり切れず電柱に激突。3人負傷
- ワゴン車で利用者を送迎中、信号のない交差点でトラックと衝突。利用者1人死亡、運転手他労働者3人負傷
- 軽バンで利用者を送迎中、マイクロバスに追突される。乗っていた3人負傷
- 訪問先へ移動中、信号のない交差点で左側から進入してきた車両と衝突。乗っていた3人負傷

注：「社会福祉施設」には、介護事業や訪問介護等の在宅サービス事業も含まれる

出典：厚生労働省資料「労働者死傷病報告の休業4日以上の死傷者数」より

送迎中事故の裁判事例①（送迎時の転倒）

（東京地方裁判所平成15年3月20日）

中程度の認知症はあるが自力歩行可能な利用者Aさんは、事業者Xが運営する医院においてデイケアを受けた後、ヘルパーが運転する送迎バスで、自宅マンション前まで送り届けられました。ヘルパーは、送迎バスから路上に降りるための踏み台を出して、Aさんをそのバスから降ろしました。

その後、ヘルパーが踏み台を片づけ、スライドドアを閉めて施錠等の作業をしている間に、Aさんは、路上で転倒し、右大腿骨頚部骨折の傷害を負いました。転倒後は寝たきりの状態となってしまい、食欲も低下していきました。Aさんは、送迎事故から約5か月後、肺炎を直接死因として死亡してしまいました。

Aさんの遺族は、死に至ったもともとの原因は送迎事故にあり、送迎時の介護職員の注意義務違反により、事故が起きたものと考え、損害賠償金等の支払いを求め裁判を起こしました。

判決
約687万円
（ただし、利用者側の過失4割の過失相殺）

裁判で指摘された問題点

- 送迎代も請求されていたこと等からデイケアと送迎は一体であり、利用者の生命及び身体の安全を確保すべき義務を負っていた
- 利用者Aさんの移動の際に、常時ヘルパーが目を離さずにいることが可能となるような態勢を取るべきであり、契約上の義務を負っていた
- 高齢者の場合、肺炎は長期の臥床により発症することが多いため、事業者Xの安全確保義務違反と、利用者Aさんの死亡との間には因果関係がある

事例から学ぶポイント

- 事業者は、送迎においても、複数名が送迎を担当するなど安全を確保できる態勢を整える必要がある

送迎中事故の裁判事例②（送迎時の事故）

（東京地方裁判所平成25年5月20日）

利用者Bさんは、事業者Yが運営するデイサービスセンターにおける介護サービスを受けた後、介護職員Cと看護師Dの介助の下、介護施設に附属する宿泊施設であるセカンドハウスに移動するための送迎車両にいったん乗車しました。しかしBさんは、その後、介護職員Cと看護師Dが他の利用者の乗車介助を行っていた時に、自ら同車両を降車しようとして転倒してしまいました。

この事故の後、Bさんは右足の痛みを訴えましたが、外傷等の所見は見られなかったため、同日は医療機関の診察を受けることなく宿泊施設であるセカンドハウスに宿泊しました。

判決
事業所Y：
20万円
（事業所Yの安全配慮義務違反は否定）

翌朝、Bさんは前日より増して足の痛みを強く訴えたため、いったん自宅に戻された後、整形外科病院に搬送されました。診察の結果、右大腿骨頚部骨折の診断を受け、人工骨頭置換手術を受けました。

裁判で指摘された問題点

- 利用者Bさんは、軽い認知症の症状は認められたが、意思疎通は可能で、本件事故時は5名の利用者についてCとDの2名で送迎しており、事故状況から安全配慮義務違反は生じていない
- 事故による痛みが継続的なものであることを認識していたのだから、医師に相談するなど医療措置を受けさせるべき義務を負っていた

事例から学ぶポイント

- 介護サービス提供時は、法令の定める人員配置基準を満たす態勢の下、利用者の安全を確保すべき義務を負っている
- 外傷が認められなくても、痛みが短期間で解消しない場合は、速やかに医師の診察を受診すること

その他の送迎中の交通事故

デイサービス事業所の軽乗用車がガードレールに衝突し、乗っていた3人の通所介護利用者が死亡した事故では、遺族8人が送迎車を運転していた元従業員の女性と施設を運営する介護サービス事業者に計約7600万円の損害賠償を求めた裁判の判決で、約3800万円の賠償を命じる判決が言い渡されています。

また、他に介護施設の送迎車がスリップして対向車線にはみ出したところに別の車が突っ込む事故があり、送迎車に乗っていた80代の男性2人が死亡したほか、男女3人が重軽傷を負った事例など、介護施設の送迎中に起きた重大事故は多数あります。

損害賠償等の民事裁判に発展しているケースは多くはありませんが、このような送迎中に交通事故を起こした場合に、介護事業者が損害賠償義務を負うのが通常です。

事業者は「使用者責任」として、その事業の最中に従業員の引き起こした人的・物的損害については、原則賠償責任を負います。さらに、事業者は従業員の引き起こした交通事故により、施設利用者に人的・物的損害を与えた場合には、利用者との間の契約上の「債務不履行責任」も負います。

つまり、従業員が交通事故を起こしてしまった場合、事業者は、不法行為責任及び債務不履行責任に基づく損害賠償という大きな負担を負うことになります。

交通事故発生時の賠償請求相手

事例を見て

介護事業者においては、介護サービス提供それ自体だけでなく、その送迎の過程においても、安全配慮義務が問われます。

事例②では、安全配慮義務違反ではないと判断されましたが、これは適切な人員配置がなされており、忘れ物がないか排尿を済ませたかなどの確認を行った上で利用者を着席させたことなどが評価された結果であると考えられます。

事業者においては、送迎中であっても、サービス提供時と同じく適切な人員配置ができるよう心がけましょう。

また、送迎時の交通事故の場合、いったん自己の従業員が交通事故を引き起こしてしまうと、それに伴って発生した人的・物的損害について、事業者は責任を負わなければなりません。

そこで、事業者としては、どうやって介護サービス中の交通事故を防いでいくかという点に重きを置くべきです。

交通事故を防ぐために

走行管理

- 運転経路の計画を作成する
- 運転経路に対して適切な指示を行う
- 早朝時間帯の走行を可能な限り避ける
- 十分な休憩時間、仮眠時間を確保する

教育の実施

- 体調維持などの必要性について適切な教育を実施する
- 危険な個所や注意事項等を示した「交通安全情報マップ」を共有する

使用者責任の軽減のために

厚生労働省は、先に見た①走行管理、②教育の実施のように「交通労働災害防止のためのガイドライン」を定めていますが、社会福祉・介護事業においても業務に合わせた対策を考える必要があります。

特に、介護事業者においては、従業員は介護の日常業務の合間に施設利用者の送迎運転を行うことが多く、介護業務による疲労の蓄積により集中力を失ってしまう可能性が高いと言えます。

事業者としては、運転をする従業員の労働時間や業務内容、運転に対する習熟度などについて、総合的に検討し、当該従業員に疲労がたまっていないのかを判断した上で、安全に運転をすることができる状態を確保することに努めるべきでしょう。

また、介護事業に熱心な従業員ほど、自らの睡眠時間の確保や体調管理がおざなりになることはよくあることです。そこで、従業員に対し、安全な運転を確保するために十分な睡眠時間を確保することや体調の維持をすることの必要性を認識してもらうための講習会や勉強会を行うことが求められるのです。

ガイドラインに示されている施策をきちんと日頃から遵守している事業者の場合、たとえ職員が交通事故を引き起こしてしまい、職員個人が不法行為責任を負ったとしても、それに対する事業者の使用者責任は軽減される可能性があります。

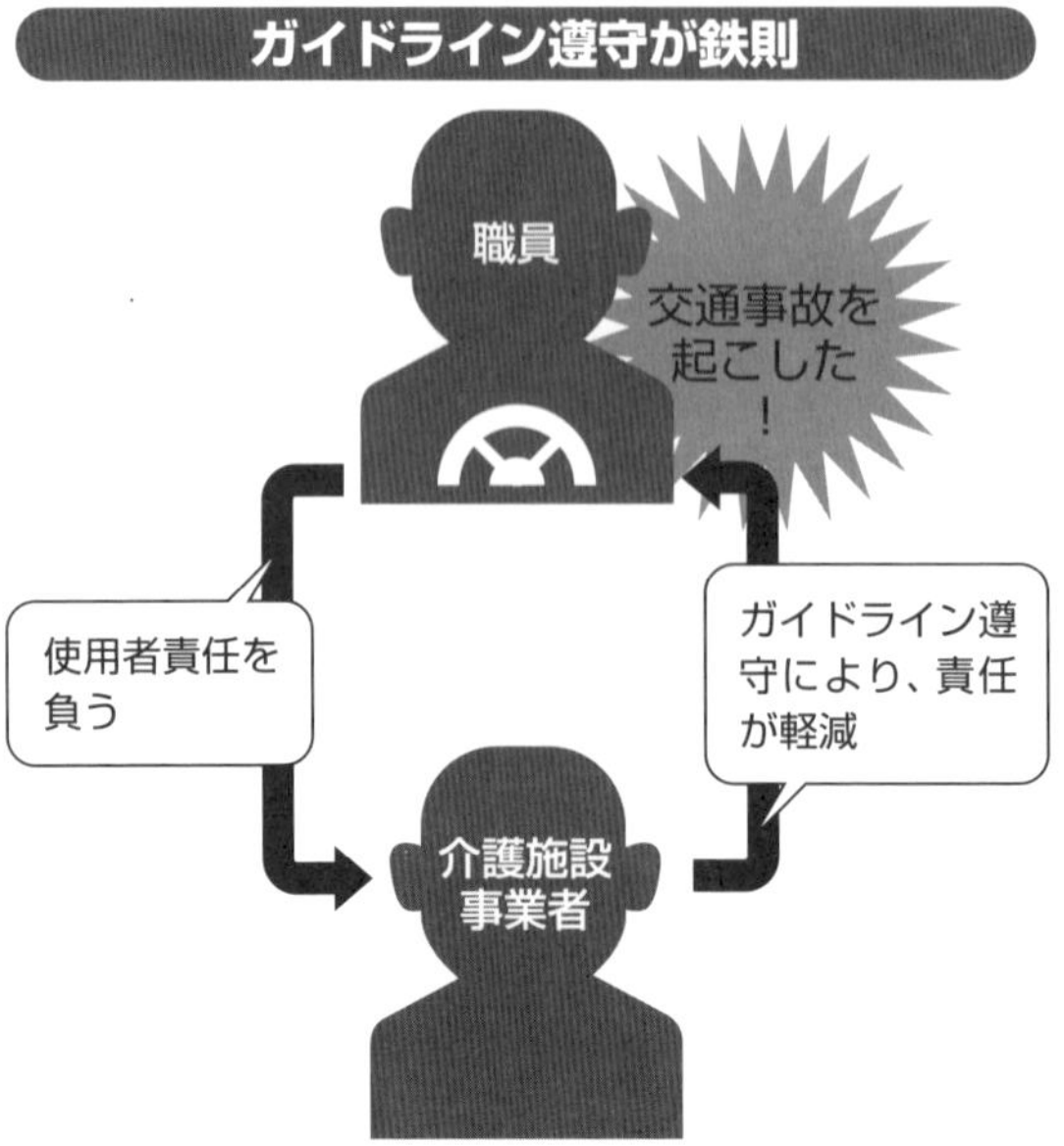

送迎中の事故に関する損害を軽減するポイント

- □ 介護サービス事業に係る人員・設備について法令を遵守していること
- □ 利用者送迎時においても、介護サービス提供時と同様の注意を払うこと
- □ 事故が起きた場合、軽傷でも速やかに医療機関を受診すること
- □ 乗降者時の注意事項を職員に共有させること
- □ 後部座席であっても、シートベルトの着用を必ず守らせること
- □ 交通労働災害防止のためのガイドラインに示されているような走行管理や教育の実施を行うこと

判例で参考にされた基準法令（人員・設備・運営）

居宅サービス	指定居宅サービス等の事業の人員、設備及び運営に関する基準
介護予防サービス	指定介護予防サービス等の事業の人員、設備及び運営並びに指定介護予防サービス等に係る介護予防のための効果的な支援の方法に関する基準
居宅介護支援	指定居宅介護支援等の事業の人員及び運営に関する基準
介護老人福祉施設	指定介護老人福祉施設の人員、設備及び運営に関する基準
介護老人保健施設	指定介護老人保健施設の人員、施設及び設備並びに運営に関する基準
介護療養型医療施設	指定介護療養型医療施設の人員、設備及び運営に関する基準

21 火災

介護施設内、あるいは利用者宅で介護サービス中に、火災が起きた場合についての対応を日頃から考えておく必要があります。

介護施設で火災が起きたときは

介護施設では、言うまでもなく多数の利用者が利用・生活しています。また、利用者だけではなく、多数の職員も施設の中で活動しています。

その施設で火災が起きてしまったら、事業者としてどのように対応すればよいのでしょうか。法的責任という観点から見て、普段から何に気をつけて、どのような備えをしなければならないのでしょうか。

火災が起きたときにまず何をすべきなのか

火災が起きた際、事業者が行わなければならないのは、まず火災の箇所をできる限り正確に発見し、すぐに消防署へ通報して、可能な限りの火災の消火、利用者や職員等の避難を行うことです。

とはいえ、これらのことは日頃からの備えがなければ非常に困難と言えますから、それぞれの事項を適切に行うためにどのような備えをしなければならないのか、以下で具体的に見てみましょう。

火災を発見するには どのような対策を取ればよいか

火災が起きたら、まずは「火災の発見」、すなわち火災が起きていることをいち早く従業員が把握することが第一歩です。

早期に火災の発見を確保するためには、まず施設内で火災が発生する可能性が高い場所を日頃から確認し、把握しておくことです。

例えば、施設内で利用者のための食事を作っている場合には、調理場が火災発生の危険性が高い場所と言えますし、喫煙スペースを設けている場合には、喫煙スペース周辺も危険性が高い場所と言えるでしょう。

施設内で火災が発生する可能性が高い場所を把握した後は、日常的にその箇所を点検することが必要です。そのためには、施設内の巡回頻度やルートを決めておきましょう。

火災を発見した際、速やかな通報を行うために

火災を早期に発見したら、火災が発生している部屋等にいる利用者、従業員等を部屋から避難させることが第一です。

同時に、消防署に速やかに通報を行う必要があります。消防隊への連絡方法や連絡手段（直接電話で119番に通報するのか、消防機関へ通報する火災報知設備の押しボタンを使うのか等）をあらかじめ定め、わかりやすい箇所に提示しておきましょう。

それに加えて、職員が火災を発見した際の指揮命令系統、すなわち誰にどのような順番で火災発生の事実を伝えるのかについてもあらかじめ検討し、定めておくことも重要です。

火災発生後のフローチャート

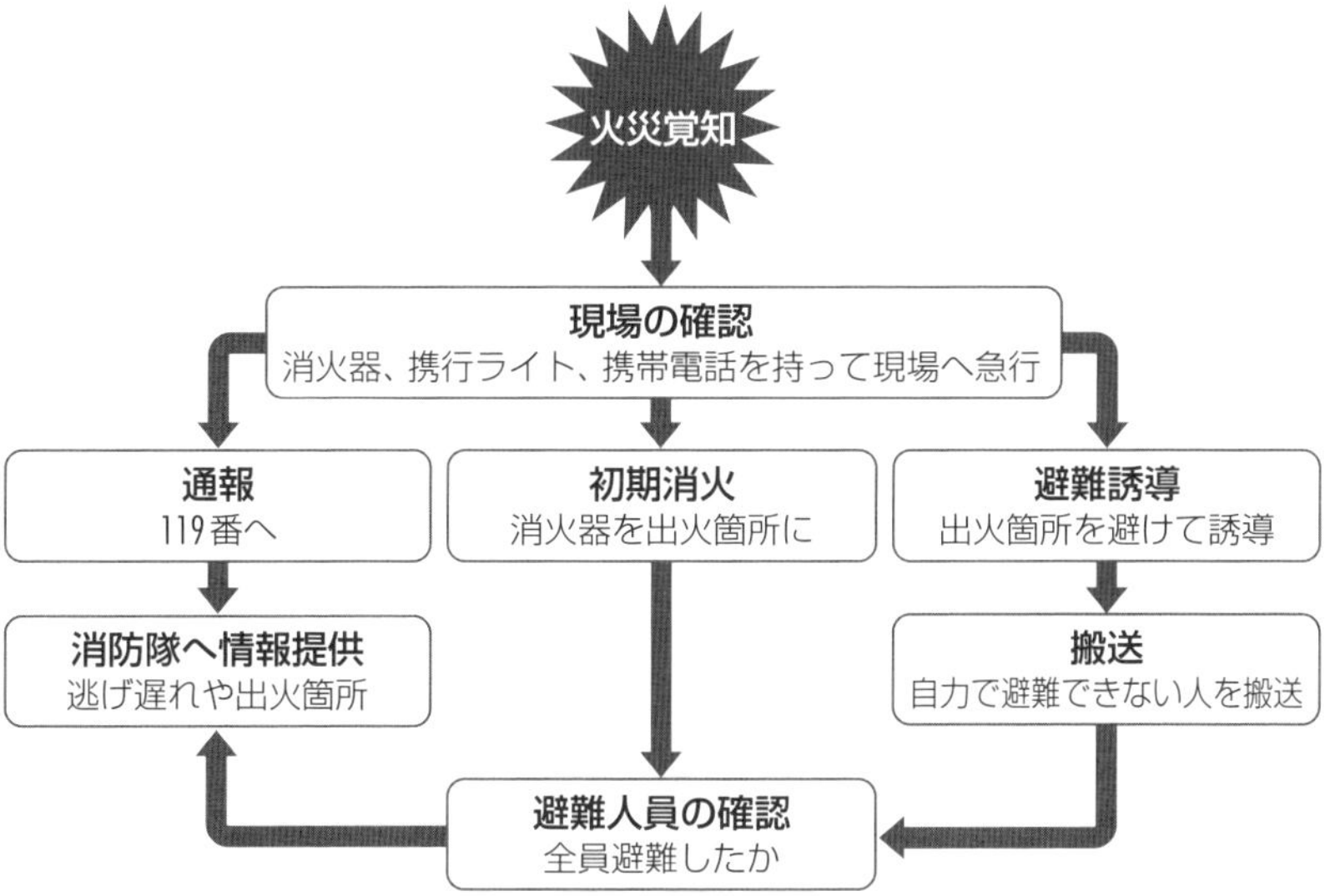

火災の裁判事例①（防火管理者が負う法的責任）

（前橋地裁平成25年1月18日）

特定非営利法人が運営していた入居型介護施設Xには、歩行不能者4名、歩行困難者4名、視聴障害者1名を含む高齢者16名が入居しており、火災時の避難には、相当数の入居者が介助を要する状況でした。

個室内は禁煙とされていたものの、入居者の中には個室内で喫煙する人がおり、これを黙認していました。その一方、個室等には煙感知器等の火災報知設備は設けられていませんでした。

このような状況下で、夜間当直職員が1人であった午後10時30分過ぎに入居者Aさんの居室付近から出火し、急速に燃え広がった結果、逃げ遅れた入居者9人が死亡する大惨事となりました。

判決
業務上過失
致死罪により
禁固2年
（執行猶予4年）

この火災事故に関し、介護施設Xの運営・管理等の業務全般を統括していた事業者（理事長）について裁判長は、防火管理上の注意義務を怠っていた過失を認めた上、9名の死亡のうち5名の死亡について、その過失との因果関係も認め、有罪判決を言い渡しました。

裁判で指摘された問題点

- 介護施設Xの事業者は、普段から職員を指揮して避難訓練を実施し、職員に火災発生時の避難誘導の方法等を周知徹底させる必要があった
- 各個室等に煙感知器等と、これに連動する緊急通報装置等の防災設備を設置する必要があった
- 入居者の安全な避難誘導のために、夜間当直職員を少なくとも2名以上配置しなくてはならなかった

事例から学ぶポイント

- 喫煙、調理、暖房等に伴う火気の使用は、火災が発生する危険性が常にあると意識し、事業者は防火管理を徹底すること

火災の裁判事例②（避難後の対応）

（仙台地裁平成27年3月26日）

火災発生時の事例ではありませんが、事業者Yが運営する自立訓練通所施設G内で高次脳機能障害をもった利用者Bさんが東日本大震災にあい、施設Gの職員に付き添われて避難生活をしていました。Bさんは、東日本大震災の約10日後に事業者Yが運営する別の施設に移されて一人で宿泊していましたが、その日の夜間に外出して河川で溺水し、死亡しました。

Bさんの子らは、事業者YがBさんを一人で宿泊させたことが安全配慮義務に違反すると主張し、損害賠償を請求する裁判を起こしました。

この裁判では、Bさんと事業者Yとの間の「契約に基づく保護義務は消滅した」と言うことができるものの、「施設利用者を事実上の保護下に置いていた管理者」として「善管注意義務（管理者として通常期待される注意義務）をもって利用者の保護を継続すべき義務を負っていた」と判断されました。

賠償額
約1161万円

裁判で指摘された問題点

- 契約上の保護義務が消滅しても、事実上利用者を保護している場合は、親族等の保護者に引き渡すまで安全に責任を負う
- 高次脳機能障害である失見当識、記憶障害、注意障害の症状があった利用者Bさんを一人で宿泊させることは、事業者Yは、管理者として通常期待される注意を払っていたとは言えない

事例から学ぶポイント

- 事業者は施設から避難した後についても、利用者の保護者に引渡すまでは、利用者を安全に保護しておく法的義務を負っている
- 火災事故の場合でも、徘徊の可能性がある利用者の場合、避難先の部屋に従業員を待機させる等の適切な措置が必要

訪問介護サービス時における火事

訪問介護サービスにおいても、利用者宅でのガスコンロや電気ストーブの使用等、火災の起きる可能性はゼロではありません。

介護職員がガスコンロを使用していて火災を起こしてしまうなど、職員の行為が原因となる場合もあれば、職員が目を離したすきに、認知症の利用者が失火させてしまうなど、利用者の行為が原因となる場合もあるでしょう。

在宅サービスの際に火災が発生した場合、事業者はどのような法的責任を負うのでしょうか。

ヘルパーが原因となる火災の場合は当然のこと、利用者が原因となる火災の場合であっても、事業者が法的責任を負う可能性はあります。

介護施設における火災の際と同様に、事業者は、利用者との間の契約に基づいて、火災が起きた際に利用者の安全に配慮する法的義務、利用者の生命の保持を図る法的義務を負います。

すなわち、火災が起きた際、事業者は、利用者の生命・身体に対する危険を予見し、危険を回避するための適切な措置を採るべき法的義務を負うということになります。

在宅サービスにおける火事のポイント

- □ タバコや電気ストーブを使用している場合など、火災を引き起こすことがあることを、ヘルパーに意識させる
- □ 認知症患者宅の訪問介護をする際は、ライターなどの火器を利用者に近づけないようにする
- □ 在宅サービス中に火災が起きた際の、初期消火・避難・通報について、マニュアルの作成や訓練の実施を行う

事例を見て

火災が起きた際、事業者は、利用者の生命・身体に対する危険を予見し、危険を回避するための適切な措置を採るべき法的義務を負うということはこれまで見てきたとおりです。

事例①の裁判例は、事業者の業務上過失致死という刑事責任が問われていました。火災により被害者に対し損害賠償責任が生じることもありますし、被害者や被害者遺族から裁判を起こされる可能性もあります。事業者としては、火災が起きた際の避難経路・避難計画について事前によく確認しておくことが重要です。

また、避難した後についても注意が必要です。例えば、火災から避難した後に、一時的にホテル等に利用者を宿泊させ、徘徊の可能性がある利用者の部屋に従業員を待機させる等の適切な措置を行わず、そのことによって利用者がホテルから抜け出し交通事故にあって死亡してしまったというような場合も、事業者は法的責任を負う可能性があります。

つまり、事業者としては、避難先においても、利用者の安全について法的責任を負っているということです。施設内ではなくとも、事業者としての法的責任が発生するということに注意してください。

防火管理者（事業者）の責任が問われるポイント

- □ 火災の予見が可能だったか
- □ 火災による死傷という結果の回避が可能だったか

火災事故を予防するために

火災事故を防ぐためには、適切な初期対応を行うことが必要です。まず、施設内にどのような防火設備機器が設置されているのかを周知させておきましょう。

火災報知器などの感知器、スプリンクラー、消火器、防火扉といった防火設備機器がどこにいくつ設置されているのかを、施設内マップに記載するなどして、職員との間で把握を徹底するようにしましょう。

また、施設内に設置された防火設備機器の使用方法をあらかじめ確認しておく必要があります。それぞれの防火設備機器には当然使用方法が記載されていますが、火災発見時にはパニックになり使用方法をじっくり読むことなどできないでしょう。そのため、定期的に避難訓練等を行い、防火設備機器の使用方法を確認しておきましょう。

利用者を安全に避難させるために

利用者を安全に避難させるためには、施設の構造、防火設備の設置場所、利用者数、利用者の状態、対応可能な職員数などを把握するとともに、その情報に基づいて避難経路、避難計画を作成しておくことです。

例えば、施設の構造によっては地上に避難するよりもバルコニーや屋上に避難する方が安全な場合もありますし、自立歩行が困難な施設利用者とその介助を行う職員の数によっては、通常の施設で採るべき避難経路とは異なった対応をすべき場合もあります。そのため、施設ごとに具体的な避難計画を立てることが重要になってくるのです。

そして、避難計画を作成した後は、定期的に施設内で避難訓練を行う必要もあるでしょう。定期的に避難訓練を行い、火災発生時に従業員がどのように動く必要があるのかを把握することで、利用者を迅速かつ適切に避難させることができるようになるのです。

火災事故予防の総まとめポイント

★★★★★

- 施設内の火災が起きやすい場所の把握と点検を徹底する
- 防火設備機器の設置場所、使用方法を記したマニュアルを作成する
- 職員全員が使用できるよう、防火設備機器の使用方法を確認する
- 利用者が避難する際、どの程度の介助を必要とするかを把握する
- 火災発生時、どの職員がどの部屋を担当するのか等のシミュレーションをしておく
- 夜間の火災発生時における、避難誘導方法を確認しておく
- 定期的な避難訓練を実施する

介護施設では、学校や役所等とは異なり、自立歩行が困難な施設利用者を抱えていることが多いという特徴があります
そのため、自立歩行が困難な利用者をどのように効率よく避難させるのかを検討する必要があります。特に夜間の対応方法を検討しておくべきでしょう

22 虐待と身体拘束

ここでは、虐待や身体拘束について、実例を紹介しながら解説していきます。

高齢者虐待の定義

高齢者の世話をする家族や親族、同居人等の養護者、または介護職員などによる高齢者に対する虐待を「高齢者虐待」と言います。

平成18年に「高齢者虐待の防止、高齢者の養護者に対する支援等に関する法律」（高齢者虐待防止法）が施行されましたが、この高齢者虐待防止法では、虐待を5つの類型に定義しており、①身体的虐待、②養護の放棄、③心理的虐待、④性的虐待、⑤経済的虐待に分けられるとされています。

平成26年10月1日現在、日本の総人口1億2708万人のうち、65歳以上の高齢者人口は3300万人であり、全人口の26%を占めるまでになっています（内閣府「平成27年版高齢社会白書」より）。このように社会の高齢化がより一層進む中、高齢者虐待はますます深刻な問題となっています。

高齢者虐待の現状

厚生労働省が継続的に調査している「高齢者虐待の防止、高齢者の養護者に対する支援等に関する法律に基づく対応状況等に関する調査結果」によれば、市町村等への相談・通報件数は、養介護施設従事者等によるもの、養護者によるものとともに、前年度より増加しています。また、調査の結果、虐待と判断される件数についても、増加の傾向を見せています。

養介護施設従事者による虐待の発生要因は、「教育・知識・介護技術等に関する問題」が最も多いと言われていますので、介護事業者は、職員への研修参加や介護知識・技術習得のための情報共有などの仕組みを構築することが肝要です。

高齢者虐待のデータ

高齢者虐待の判断件数、相談通報件数（平成24年度対比）

	養介護施設従事者等※1によるもの		養護者※2によるもの	
	虐待判断件数※3	相談・通報件数※4	虐待判断件数※3	相談・通報件数※4
25年度	221件	962件	15,731件	25,310件
24年度	155件	736件	15,202件	23,843件
増減 （増減率）	66件 （42.6%）	66件 （42.6%）	529件 （3.5%）	1,467件 （6.2%）

※1 介護老人福祉施設など養介護施設又は居宅サービス事業など養介護事業の業務に従事する者
※2 高齢者の世話をしている家族、親族、同居人等
※3 調査対象年度（平成25年4月1日から26年3月31日）に市町村等が虐待と判断した件数（施設従事者等による虐待においては、都道府県と市町村が共同で調査・判断した事例及び都道府県が直接受理し判断した事例を含む。）
※4 調査対象年度（同上）に市町村が相談・通報を受理した件数

養介護施設従事者等による高齢者虐待の相談・通報件数と虐待判断件数の推移

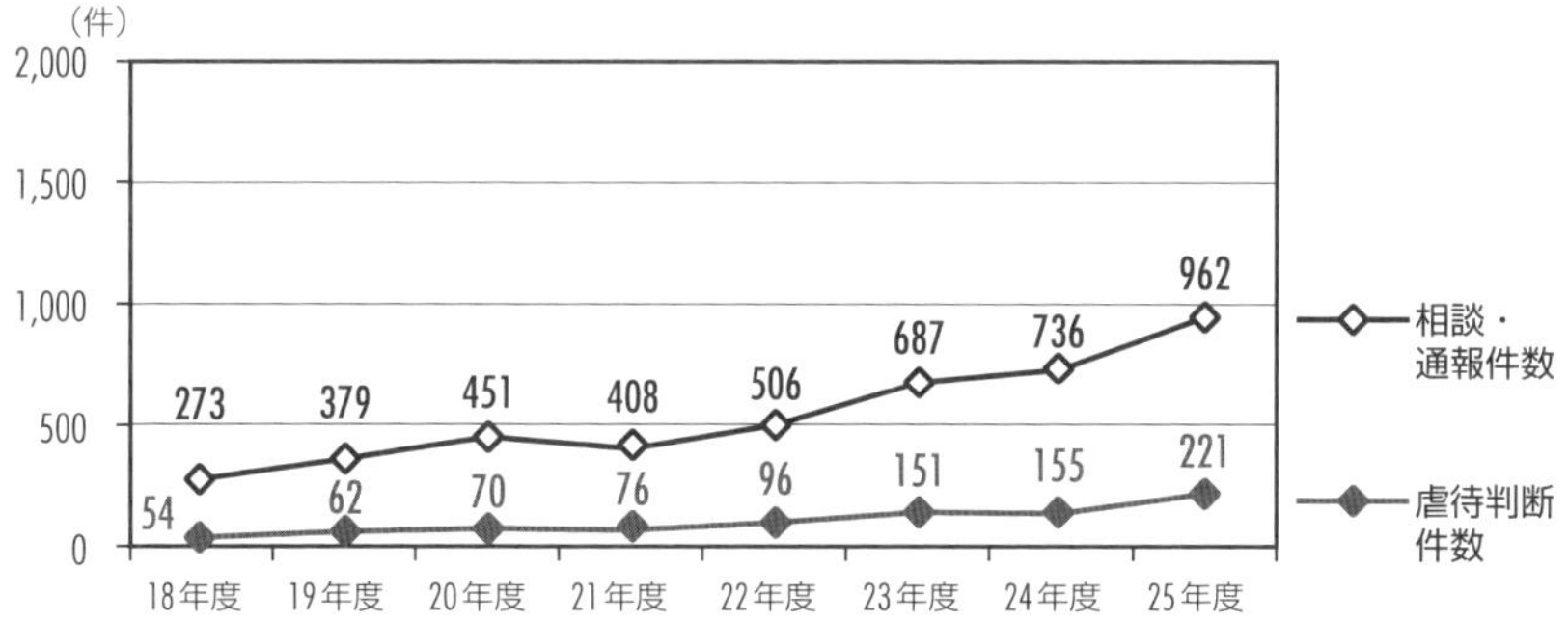

養護者による高齢者虐待の相談・通報件数と虐待判断件数の推移

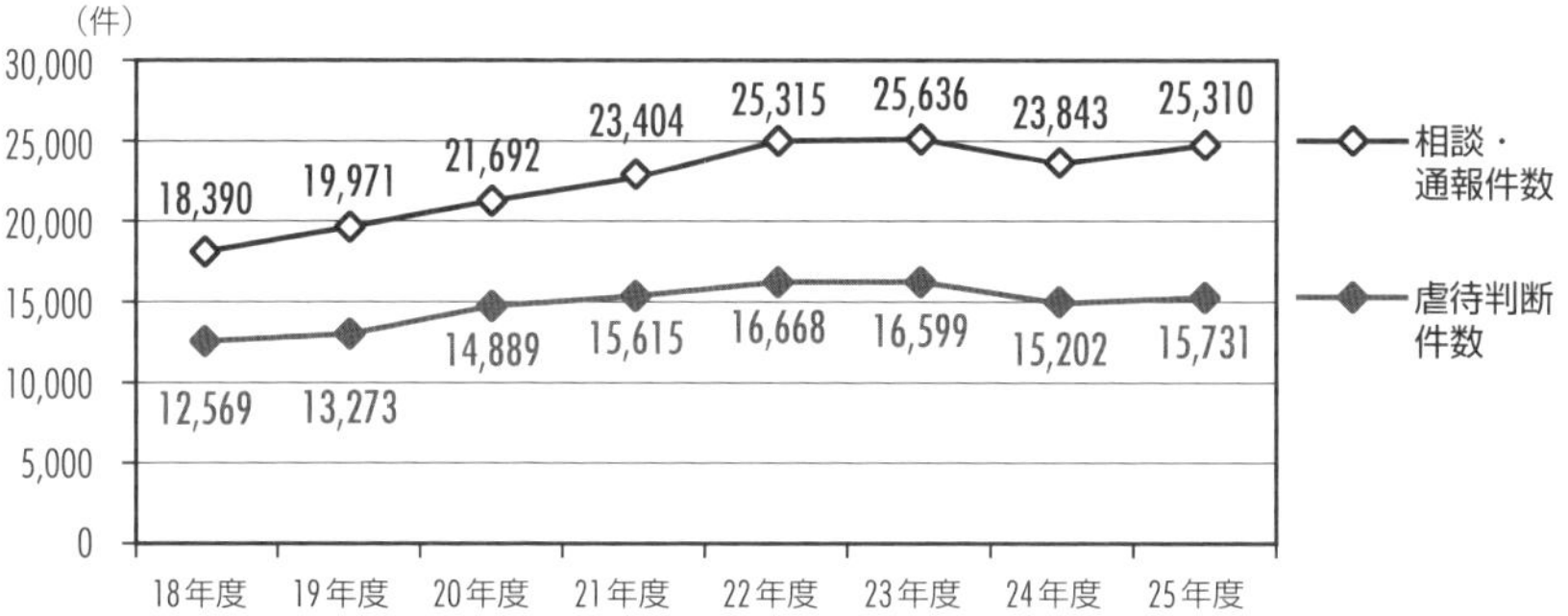

出典：厚生労働省「平成25年度 高齢者虐待の防止、高齢者の養護者に対する支援等に関する法律に基づく対応状況等に関する調査結果」

虐待の裁判事例①（暴言・暴力）

（大阪地判平成27年7月2日）

利用者Aさんは、脳幹部に巨大脳動脈瘤を発症し、手術を受けましたが、後遺障害が残ることになり、身体障害者1級の認定を受けました。その後、在宅介護やリハビリ治療入院等を経て、介護老人福祉施設Xに入所しました。

施設Xの施設長は、職員から「Aさんが職員に対して暴言・暴力的行為に及ぶことがある」との報告を受け、それをAさんの家族に伝えて、家族より謝罪を受けていました。

しかし一方でAさんの家族は、施設Xの職員がAさんに適切な対応をしているのかについて不審に思い、Aさんのベッド下にボイスレコーダーを設置したところ、職員がAさんに対し「黙れ、うるさい」「お前、死ね、殺すぞ」「なんじゃコラ、もっかい殴られたいんか」などと怒鳴っている音声が記録されていました。

判決

60万円

ボイスレコーダーの内容から、職員より暴力的行為を受けている可能性が高いと考えた家族は、警察に被害届けを提出し、結果、職員は脅迫したことにより罰金5万円の略式命令を受けました。この違法行為の発覚後、施設Xは、謝罪と解決金の支払いを申し出ましたが、和解に至らず、裁判で争うことになりました。

裁判で指摘された問題点

- 入居者に逸脱行為（緊急性がないのにナースコール頻発）があったとしても、職員は感情的な態度を抑制しなくてはならない
- 職員の不法行為による事業者としての使用者責任や債務不履行責任を免れることはできない

事例から学ぶポイント

- 職員に対して、非協力的、反発的な言動を取る入居者に対しても、理性的な対応を取るよう職員に指導することが肝要

身体拘束の裁判事例②（押さえつけ行為）

（大阪地判平成27年2月13日）

本件は障害者施設の例ではありますが、裁判所の判断においては、厚生労働省が作成した「身体拘束ゼロへの手引き～高齢者ケアにかかわるすべての人に～」を参考にした事例です。

利用者Bさんは、障害者福祉サービス事業を営む社会福祉法人Yとの間で、生活介護、就労継続支援等の利用契約を締結し、施設に入所していました。

精神発達遅滞、自閉性障害と診断されていたBさんは、自分の要求が通らなかったり周囲から刺激を受けたりすると、精神的に不安定になってパニックに陥ることが頻繁にありました。法人Yの営む施設への入所時も、人に噛みつく、物を投げる、机をひっくり返すなどの行動に及ぶことが度々ありました。

事故当日、Bさんがパニックを起こし施設職員に噛みつこうとしたことから、5名がかりで15分程度に渡り、うつぶせの状態で体を押さえつけていたところ、嘔吐し、心肺停止の状態に陥ってBさんは死亡しました。

賠償額
約7363万円

裁判で指摘された問題点

- 胸腹部等を圧迫する態様等に関しては必要最小限とは言えないとし、非代替性は認められない
- お互いの押さえつけ行為の態様や男性の表情などを確認しなかった過失があった
- 入所者を制止する方法についての指導やマニュアルの整備を怠った

事例から学ぶポイント

- 突然発生する緊急事態に際して、適切な対応ができるよう、日頃から身体拘束ゼロの手引きを職員に周知し、さまざまな場面における緊急事態を想定した対応について指導することが必要

身体拘束の裁判事例③

（最高裁判平成22年1月26日）

本件は介護施設の事例ではなく、病院内の事例ですが、最高裁判所が身体拘束における違法性の判断をした初の事例です。

腰痛（変形性脊椎症）などによりZ病院に入院していた80歳の患者Cさんは、夜間帯において意識障害が起こり、興奮状態となって大声を出したりする夜間せん妄の傾向が見られました。

Cさんは、本件発生前、消灯後から深夜にかけて頻繁にナースコールを繰り返し、車いすでナースステーションに行っては、大声で「看護師さんオムツ見て」などと訴えていました。オムツを看護師が確認するもオムツが汚れていないので、その旨Cさんに説明しましたが、Cさんは納得しなかったため、汚れていなくてもオムツ交換を行う対応を看護師が行っていました。

判決
破棄自判
（賠償責任なし）

深夜になってもCさんに同様の動きがあったため、同室の患者に迷惑がかかると判断し、個室に移動させ、落ち着かせるためにお茶を飲ませる等の対応をしましたが、興奮状態が治まらず、ベッドから起き上がろうとした動作を繰り返したため、ミトンを使用し、両腕をベッドにくくりつけました。約2時間後、入眠を確認してミトンを外しました。

裁判で賠償責任が否定された理由

- 転倒、転落によりCさんが重大な障害を負う危険を避けるために緊急やむを得ず行った行為である
- ミトン使用による拘束時間は必要最低限の2時間程度であった
- 深夜に長時間、看護師がつきっきりで対応することは困難

事例から学ぶポイント

- 身体拘束は切迫性・非代替性・一時性の３要件を慎重に判断する

身体拘束

事例②と③は身体拘束の例でしたが、結果は大きく異なりました。虐待まがいの拘束をするというのはもってのほかですが、介護事業者の実態として、何も拘束をしないと利用者に危険が及んでしまうという現実があるのも確かです。

やむなく身体拘束が必要と考えた場合、検討・留意しなければならない事項について先の判例を参考にしながら確認しておきましょう。

介護保険指定基準の身体拘束禁止規定には、「サービスの提供にあたっては、当該入所者（利用者）又は他の入所者（利用者）等の生命又は身体を保護するため緊急やむを得ない場合を除き、身体的拘束その他入所者（利用者）の行動を制限する行為を行ってはならない」と記されています。

事例②③においても違法性の判断をする際、身体拘束ゼロへの手引きに示される「緊急やむを得ない場合」の3要件（切迫性・非代替性・一時性）を一つの基準としています。

身体拘束が許容される3要件

切迫性	利用者本人又は他の利用者等の生命又は身体が危険にさらされる可能性が著しく高いこと ■「切迫性」の判断を行う場合には、身体拘束を行うことにより本人の日常生活等に与える悪影響を勘案し、それでもなお身体拘束を行うことが必要となる程度まで利用者本人等の生命又は身体が危険にさらされる可能性が高いことを、確認する必要がある
非代替性	身体拘束その他の行動制限を行う以外に代替する介護方法がないこと ■「非代替性」の判断を行う場合には、いかなる場合でも、まずは身体拘束を行わずに介護するすべての方法の可能性を検討した上で、他に代替手法が存在しないことを複数のスタッフで確認する必要がある
一時性	身体拘束その他の行動制限が一時的なものであること ■「一時性」の判断を行う場合には、本人の状態等に応じて必要とされる最も短い拘束時間を想定する必要がある

出典：厚生労働省「身体拘束ゼロへの手引き」

高齢者虐待防止のために

高齢者虐待防止法には、介護施設職員による虐待防止のための処置として、①介護施設職員へ研修の実施、②利用者及びその家族からの苦情の処理体制の整備、③その他の介護施設職員等による高齢者虐待の防止等のための措置を講じることを、介護施設事業者の責務としています。

すなわち、高齢者虐待の防止・発見・対応の責任は、職員個々人の問題でなく、事業所そのものにあると考えます。

高齢者虐待を予防するためには、拘束を行わないケア技術や虐待に関する研修など、職員自らが制度を理解し、確実に実践することが重要です。時には外部講師を招聘して研修を実施したり、施設外研修への参加を促進したりすることも考えましょう。これにより、施設内全体の意識向上に役立ちます。

また、事例で見たような深刻な虐待や違法な身体拘束等を未然に防ぐためには、虐待にいたる以前の、不適切なケアが発生している段階でいかに対応するか、が大きな課題となります。不適切なケアの段階で発見し、「虐待の芽」を摘む取り組みが求められます。

高齢者虐待防止のための組織的取り組み

負担・ストレス・組織風土の改善

- 職員の負担が偏っていないかなど、柔軟な人員配置により、負担軽減策を考える
- 職員の悩みを上司がヒアリングする時間を設ける
- 問題等がある際に、容易に発言できる雰囲気（風土）を作る

教育の実施

- 関連する法律や規定の内容を知識として学ぶ
- 身体拘束を行わないケアや、虐待を未然に防ぐ方法を具体的に学ぶ
- 認知症という病気やその心理について理解する
- 認知症ケアに関する知識を共有する

虐待と身体拘束に関する総まとめポイント

★★★★★

＜高齢者虐待の特徴＞

高齢者虐待は、

- 虐待とわかっていて行っている「**意図的虐待**」
- 結果的に虐待となっている「**非意図的虐待**」
- やむを得ない場合以外の「**身体拘束**」

の3つに分類できる。どの場合においても、利用者の身体的・精神的に損害を与えれば、法的責任が生じる

＜虐待と身体拘束におけるチェック事項＞

- 基本的な職業倫理の理解を促す
- コンプライアンスを高める研修を実施する
- 職員間で問題や情報を共有するための仕組みを作る
- 不適切なケアがあった際の情報を蓄積し、今後のケアに生かす
- 身体拘束に関するマニュアルを作成し、定期的に見直しする（事前に身体拘束が必要なケースの具体的事例を施設として定めておく）
- やむを得ず身体拘束を行った場合は、記録を残すこと（拘束の内容、理由、目的、時間等）

23 介護現場におけるプライバシー問題

介護サービスとは、利用者のプライバシーにあたる情報を知らなければ始まらない事業とも言えます。現場でどのような点が問題になるのかを見ていきます。

「プライバシーの権利」とは？

日本で最初に「プライバシーの権利」が認められた裁判と言われているのが、三島由紀夫が執筆した小説『宴のあと』をめぐる裁判です。小説の描写が個人のプライバシーを侵害しているのではないかとして問題になりました。

この「宴のあと」判決（最高裁昭和39年9月28日判決）では、日本で初めてプライバシーの権利が正面から認められました。すなわち、プライバシーの権利とは「私生活をみだりに公開されないという法的保障ないし権利」であるとされたのです。

個人のプライバシーが「法的な権利」として認められると、損害賠償を請求したり、プライバシーを侵害する行為の差し止めを請求したりできるようになります。通常の一般人であれば隠しておきたいと思うような「私生活に関する秘密」は、むやみに公開されないことが、法的権利として保証されることとなりました。裁判例においてプライバシーの権利が問題となったものは、次ページの図の通りです。

介護現場におけるプライバシーとは？

では、介護現場におけるプライバシーに関する具体的な検討をするにあたり、介護現場では、なぜプライバシーに関する問題が起こりやすいのかについて考えてみます。

介護サービスを受ける高齢者・障害者は、もともと病気にかかりやすかったり、事故が起きやすかったりする状態であるからこそ、介護を必要としているわけです。ですから、介護職員は介護サービス利用者の生活状況を、ある程度密に見守らなければなりません。

介護トラブルは、食事、お風呂、トイレといった日常のあらゆる場面で起こる可能性がありますから、介護トラブルを未然に防止するためにも、私生活の秘密に関する部分についても、介護職員が監視、監督していかなければなりません。

介護トラブルを未然に防止するという目的を最優先に考えるのであれば、利用者の生活状況をすべて介護職員が見張ったり、場合によっては、監視カメラを付けたりするという方法も考えられます。

しかしながら、これでは、利用者のプライバシーの権利は、完全に侵害されてしまうことになりますから、介護トラブルの防止と、利用者のプライバシーの権利との調整が重要な問題となるのです。

「宴のあと」事件とは

■プライバシーの権利が認められた最初の裁判例
■プライバシーの権利とは――「私生活をみだりに公開されないという法的保障ないし権利」

プライバシーの権利が問題となった有名な裁判例

前科照会事件

「前科等のある者もこれをみだりに公開されないという法律上の保護に値する利益を有する」として、前科を公開されない権利を認めた

「石に泳ぐ魚」事件

経歴、身体的特徴などによって小説のモデルが特定可能となった小説について、プライバシーの権利に基づく出版の差し止めを認めた

「逆転」事件

ノンフィクション作品に前科、実名を公表されたことがプライバシーの権利を侵害するとされた

プライバシーと個人情報の関係

プライバシーと似た言葉に、「個人情報」という言葉がありますが、この2つは似て非なるものと考えてください。

ただし、介護現場では、個人情報の取り扱いが問題になるケースとプライバシーが問題になるケースとは似通っていることから、個人情報の定義について説明し、介護現場において個人情報の取り扱いが問題になるケースについても解説していきます。

個人情報とは?

個人情報の取り扱いを定める法律である「個人情報保護法」では、個人情報について「生存する個人に関する情報であって、当該情報に含まれる氏名、生年月日その他の記述等により特定の個人を識別することができるもの」という定義が定められています。したがって、特定の個人を識別できない場合には、その情報の保有者が知られたくないと感じる情報であっても、プライバシーには該当しても、個人情報には該当しない場合もあるということとなります。

なお、個人情報保護法における個人情報は「生存する個人に関する情報」ですので、死者に関する情報は個人情報に含まれませんが、生存する相続人の個人情報となる場合や、プライバシーに含まれる場合など、別途保護される場合がありますので注意が必要です。

介護現場における個人情報の取り扱いとは?

では、介護現場における個人情報の取り扱いについて考えていきましょう。

介護現場では、介護事業者は契約を締結する上で、当然に必要な情報として、利用者の氏名等を収集しなければなりません。また、生年月日、住所等も取得する場合が一般的ですし、さらに、そうした基本情報を超えて、病歴や家族構成、相続人の詳細など、特にセンシティブな情報を、サービス提供の便宜のために取得しなければならないことが多くあります。

したがって、その取り扱いにはより一層の注意を払わなければなりません。

個人情報取り扱い上の注意点

まず、利用者の記録について、利用者やその家族の個人情報が記録されているということを十分に自覚し、取り扱いを慎重に行うことです。

この際、職員の判断に任せず、施設単位で管理体制を整えるようにして、所定の場所に施錠可能な保管場所を用意するとともに、職員に対する教育、指導、注意を徹底することが重要です。

特に、利用者となる人の中には、個人情報の記録された書類を、自身で適切に管理することが困難な人もいます。利用者の個人情報だからといって、その保管、管理を利用者任せにしてしまっては後々トラブルの火種となりかねませんので、注意が必要です。

また、当然のことですが、介護事業者が業務上知り得た情報を、第三者に伝えたり、仕事以外の目的に使用したりしてはいけません。

次ページから、実際の介護現場でプライバシーや個人情報が問題となった事例をもとに、その対処法、ポイントを解説していきます。

プライバシーと個人情報の関係

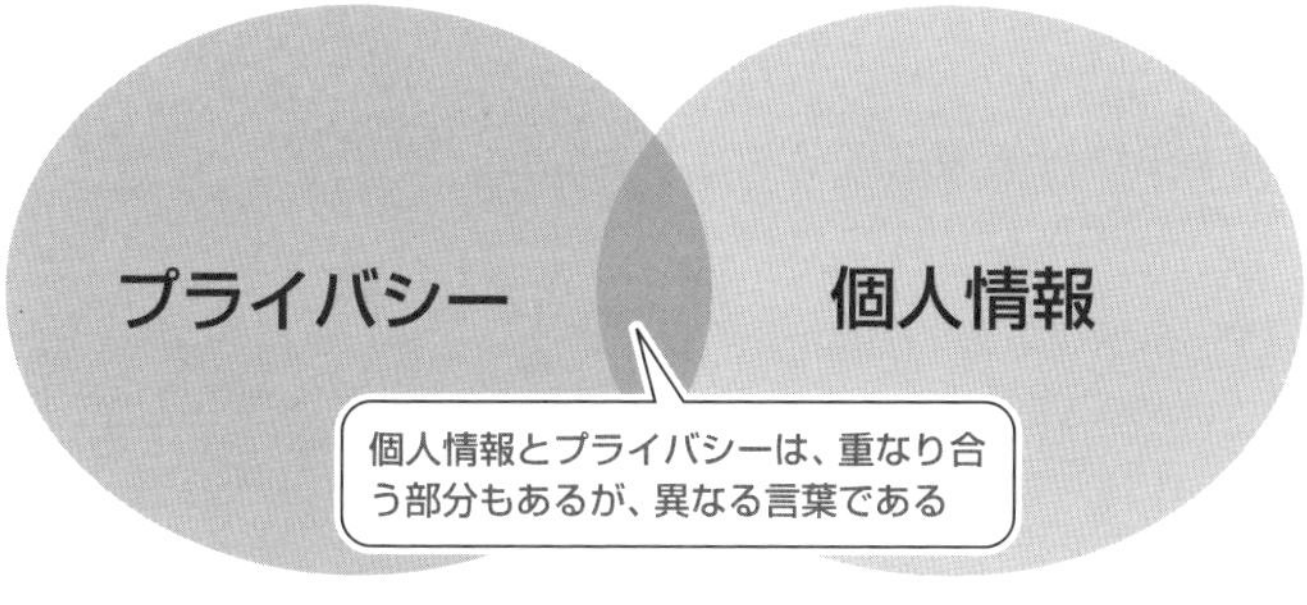
プライバシー
個人情報
個人情報とプライバシーは、重なり合う部分もあるが、異なる言葉である

プライバシーとは

私生活に関する情報で、まだ一般に知られておらず、一般人なら公開してほしくないと思う情報

➡ このうち、個人を特定できるものが個人情報となる

プライバシー侵害のトラブル事例①（監視カメラ）

施設Xでは、施設への宿泊を伴う介護サービスを提供していました。利用者の中には認知症にかかっている人や、また徘徊癖を持つ人も多かったのですが、経営的にもあまり芳しくなかったため、本来望ましい対応、すなわちスタッフを増員して夜勤体制を強化するという対応が取れない状態にありました。一方、スタッフの少ない夜中に徘徊した結果、ベッドから落下する、廊下で転倒するなどといったヒヤリとする事故も報告されていました。

そこで、施設Xでは、夜中は利用者に向けて監視カメラを設置し、夜勤のスタッフが常に見張ることができる体制を作りました。原則、利用者にカメラ設置の同意を取っていればプライバシーの侵害にはあたりませんが、本件では、利用者や利用者の家族に特に同意を取ることなく監視カメラを設置しました。

その結果、利用者の一人Aさんは「見られたくない私生活まで見張られているようだ」として、精神的損害について慰謝料を支払ってほしいと請求しました。

事例から学ぶポイント

- 徘徊による事故防止対策を十分に検討したとは認められない
- 利用者の人権に配慮していない。利用者にカメラ設置の必要性を説明した上で、理解を得る努力が認められない
- 監視カメラの設置などは、介護事業者側にとっては比較的容易に実現できる介護事故予防策かもしれないが、利用者からは、人権侵害であるとのクレームが上がる可能性が高い
- 他の対策（例えば、センサーの設置など）で徘徊事故は防げないか等を検討する必要があった

プライバシー侵害の裁判事例②（ブログ掲載）

（東京地判平成27年9月4日）

訪問介護事業者Yは、Bさん（男性）宅にヘルパーを派遣していました。派遣されたヘルパーは、複数回Bさん宅で介護にあたっていました。

このヘルパーは自分のブログで、介護にあたっていたBさんの実名を載せるなど、個人の特定ができる状態で、朝食や着替えの手伝いなど、身の回りを介護する様子を細かく掲載していました。

ヘルパーは、後に「好意的な感情を持っており、プライバシー侵害の意図はなかった」と主張しましたが、介護されていたBさんや家族は、介護中の様子をブログに書かれプライバシーを侵害されたとして、訪問介護ヘルパーとそのヘルパーを派遣した事業者Yに対して損害賠償を求めた裁判を起こしました。

裁判では「他人に知られたくない私生活を公表しており、プライバシー侵害にあたる」と判断され、ヘルパーは150万円の賠償を命じられました。また、事業者Yに対しても「個人が容易に情報発信できる状況なのに、研修などの十分な指導監督をしなかった」として、130万円の賠償が命じられています。

賠償額
ヘルパー150万円／事業者130万円

裁判で指摘された問題点

- 他人に知られたくない私生活を公表しており、ヘルパーの行為はプライバシー侵害にあたる
- 事業者Yは、介護職員に対してプライバシー保護に関する研修などの十分な指導監督をしなかった

事例から学ぶポイント

- 職員は、業務で知り得た情報をみだりに口にしてはならない
- 事業者は、常日頃からプライバシー保護の重要性を職員に指導することが必要
- パンフレットやホームページ等で利用者の様子を公開する場合は、必ず利用者の同意を取ること

プライバシー侵害のトラブル事例③（財産状況の情報）

介護施設Zに入所を決めた利用者Cさんは、自身の老後資金では入所料を賄えなかったため、遠縁の親戚に入所料を立て替えてもらいました。というのも、Cさんの子供は生活保護を受けている程の窮状であったためです。ところが、「Cさんは、遠縁の親戚に入所料を借りなくてはならなかった」という事実を、入所後、Cさんを介護していた施設Zの職員が、会話の流れで偶然にも聞きました。

そして、この職員は、他の利用者と雑談中に「Cさんの子供は生活保護を受けていて大変だ」という内容を話してしまいました。Cさんにとっては、当然ながら特に他の利用者には知られたくない内容であったため、プライバシー侵害として問題化しました。

十分な介護サービスを享受するためには、相当額の支出を伴うことが一般的にも多いといえ、その資金をどのような形で準備するかに関する情報の中には、他人には絶対に知られたくないプライバシー情報が多く含まれている場合があるため注意が必要です。

事例から学ぶポイント

- 世間話の中で、プライバシー情報を偶然入手してしまうことがあるが、仕事上知ることとなった情報の重要性を十分に考える
- 他のスタッフや利用者に、利用者の公開してほしくないであろう私生活情報は漏らさないよう注意する
- 利用者本人の情報だけではなく、利用者の「家族の情報」もプライバシー情報であり、問題になり得る
- 事業者は、職員に対して、利用者や利用者家族の私生活情報はプライバシー情報にあたる可能性があるとの指導を行っていく必要がある

プライバシー侵害をしない・させない総まとめポイント

★★★★★

＜事故防止のためのプライバシー侵害＞

- （介護に必要な範囲で）利用者のプライバシーが侵害される場合、介護のため必要最低限に留まっているか
- 利用者のプライバシーや人権侵害とならない、他の方法による事故防止策はないか

＜利用者の家族のプライバシーを侵害＞

- 介護に必要ではない利用者家族の私生活情報を取得していないか
- 聴取した情報の取り扱いに注意を払っているか
- 家族の情報で問題になりやすいプライバシー情報である、「財産に関する情報」「家族構成に関する情報」には特に、細心の注意を払っているか

＜事業者として注意すること＞

- プライバシー侵害や人権侵害について適切な研修を行っているか
- 現場の職員がプライバシー侵害について理解し、注意を払っているか
- 被介護者の情報は鍵のついた書庫にしまうなど、情報管理方法は適切か

介護現場は、利用者の生活の場、あるいは生活の多くの時間を過ごす場であり、介護職員は、介護サービス提供の際、利用者の私生活への干渉を一定程度、当然行わなければなりません。このため、職員は、利用者の私生活への干渉ということにも“慣れてしまいがち”です

だからこそ、施設や職員は、介護現場の特殊性をよく考え、自身の行う介護行為による利用者のプライバシー侵害の程度を、その都度、慎重に判断しなくてはなりません

24 利用者間のトラブル

利用者は年齢、性別、経済状況などの背景や、身体の状態もまちまちであるため、利用者間のトラブルも起こりがちです。現場で必要な対応について考えます。

通常の判断力がある利用者の場合

介護施設といっても、一般的な場合と同様で、人がたくさん集まる場所には、さまざまな問題が起こるものです。特に宿泊を伴う介護施設の場合には、多くの男女が決まった場所で長時間生活を共にするわけですから、仲間はずれや派閥、男女関係のもつれなどといった問題も生じます。

介護サービスを利用してはいるものの、心身ともにしっかりとしていて、通常の判断能力を有している人であっても、介護の現場においてトラブルの原因となる場合があります。

このような利用者がトラブルの原因となる場合には、一般的に施設外でもよく起こるようなトラブルであることが多く、例えば、金銭の貸し借り、男女問題、名誉棄損、侮辱に関する問題、暴行行為などが挙げられます。

認知症利用者が原因となる場合

一方で、通常の判断能力を失った認知症が進行した利用者の場合はどうでしょうか。

認知症の利用者の場合、その判断能力が低下していることが原因となってトラブルの引き金となることもあれば、逆に、被害者となることもあります。

例えば、認知症の利用者同士の場合、お互いによく原因を理解しないままに言い争いになったり、時には掴み合い、殴り合いに発展したりすることもあります。

他方では、通常の判断能力を有している利用者が、認知症の利用者を馬鹿にしたり、蔑んだり、仲間はずれにしたりすることがトラブルの火種となることもあります。

介護事業者の適切な対応

介護事業者としては、利用者間のトラブルについて、施設側は一切関知しないと言いたいところではありますす。しかしながら、施設内で起こる可能性が高いトラブルについて、何ら対策を講じていなかったというのでは、いざ利用者同士の喧嘩でどちらかが怪我を負った場合など、施設の責任を問われる恐れもありますから、十分に注意しなければなりません。

これに対して、通常の判断能力を有している利用者が、施設で知り合った利用者との間で金銭トラブルや男女問題に関するトラブルに発展したという場合など、介護事業者がすべての責任を負う必要のない場合もあり、このようなケースについては、利用者に十分注意を促すことで足りると考えます。

介護現場における利用者間のトラブル

通常の判断力を有している利用者の場合

- □ 男女問題
- □ 金銭問題
- □ 悪口、仲間はずれ
- □ 名誉棄損、誹謗中傷
- □ 暴力

一般社会と変わらない。
施設の責任は限定的

通常の判断力を有しない利用者の場合

例えば、重度の認知症の場合の金銭問題、暴力など

➡ 施設の管理責任が厳しく問われるケースも

利用者間のトラブル事例①（男女関係）

施設Xでは、利用者同士の付き合いが、男女の交際へと発展しました。しかし、とあることがきっかけで別れることになりましたが、別れ話がこじれ、利用者間の暴力問題に発展したことが問題化しました。

多くの人が集まる場合、気に入る人もいれば、どうしても好きになれない人も出てきてしまうのは、介護現場であっても一般的な社会であっても何ら異なるところはありません。

介護サービスの利用者の性格やトラブルに対する対応も、人それぞれで千差万別です。事なかれ主義を貫き、どんなことがあっても笑顔で対応する利用者もいれば、些細なことに常にストレスを感じる利用者や、逆に一切心を閉ざして何も語ろうとしない利用者もいます。

このように、さまざまな人が集団で生活しているケースにおける、人間関係に基づくトラブルの最たる例が、男女関係に端を発する問題でしょう。

介護サービスの利用者が高齢であるからといって、恋愛感情や性的欲求が存在しないわけではありません。日常生活を長時間共にしていることから、男女の接触を意識する機会も多く存在し、男女関係に端を発するトラブルが起こる可能性に、十分目を光らせる必要があります。

介護現場での人間関係に基づくトラブルへの心得

- 一般社会に生じる問題と何ら変わらない
- 高齢者であっても男女問題・性的問題も生じる
- 放置・過剰な干渉はどちらもNG
- 適切なルール作りと、中立・公平が重要

利用者間のトラブル事例②（盗難）

介護現場の利用者間においても、金銭にまつわるトラブルが生じることがよくあります。

施設Yでは、施設に申告せずに大金を所持していた利用者Bさんが、このお金を盗まれたとして施設に対してクレームを挙げて、トラブルとなったことがありました。このような場合、大金を所持していたことの真偽をまず確かめなければならないのですが、金銭（物品でも同じ）がなくなってからこれを証明することは非常に困難を極めます。

介護事業者としては、中立・公平かつ公正な対応をするよう、慎重に検討すべきでしょう。また、できる限り、貴重品、多額の金銭を所持しないよう指導を徹底し、万が一必要な場合には金庫等を用意する、施設に預ける等のルール作りをし、教育することが重要となります。

介護サービスの利用者の中には、病的な盗み癖がある利用者や、認知症などによって判断力が低下している利用者もいます。すると、故意の場合はもちろん、つい出来心で他の利用者の所有物、金銭を盗んでしまうというトラブルもよく起こることとなります。

利用者間における金銭問題

盗難騒ぎが起こった場合	予防と再発防止
まずは、事実確認が重要！	ルール作りと周知徹底
ただし、法的な観点だけでは割り切れないことを心得る	貴重品、大金を手元に置かないよう、普段から注意喚起すること

利用者間のトラブル事例③（認知症利用者）

施設Zでは、認知症の利用者同士が、レクリエーションでゲームを行っていましたが、ゲームの勝敗をめぐって揉め始めてしまいました。ゲームの勝敗という些細な原因ですが、職員が目を離した隙に暴行行為にまで発展したというケースです。

介護施設に入所するにあたって、家族との間で疎外感を抱いたり、家庭環境が不遇であることがストレスになっていたりする利用者もいます。中には、家族での介護では手に負えなくなって施設に入所した方もいるでしょう。

特に認知症などが原因で理性の抑えがきかなくなっている利用者は、他の利用者との間の人間関係にまでストレスを感じてしまうと、さまざまな不満が一気に爆発してしまうことがあります。

認知症の進行によって判断力が低下し、理性の抑えがきかなくなった利用者の中には、妄想を抱いたり、意味不明な言動を行ったり、徘徊したりといった方や、精神疾患に類似した症状を表す方もいます。

認知症利用者には特に注意が必要

暴行行為など、生命に危険の及ぶ事態になる前に予防すべき！ → 紛争を拡大しないよう、当事者の引き離しを検討

暴行、傷害等の結果が生じた場合の責任は？ → 介護事業者が安全配慮義務違反の責任を負うリスクあり！

介護事業者に責任が生じる場合は？

利用者間でのトラブルについて、介護事業者にどのような責任が生じるのかは、ケースバイケースです。暴力行為に発展した場合、暴行した利用者が、通常の判断力を有しているのであれば、民法上の不法行為に該当して、被害者に対して損害を賠償する責任があります。また、刑法上の暴行罪や傷害罪に該当する可能性もあります。

これに対して、暴行した利用者が、重度の認知症等によって判断力が低下している場合には、責任能力がないとして民法上の責任も刑法上の責任も負わないとされる可能性があります。

この場合には、後見人などの法定代理人が監督責任を負うことになります（第5章を参照）が、介護施設に入所している場合には、安全な介護サービスを提供し、利用者を監督すべき立場にあった介護事業者が、安全配慮義務違反の責任を負うとされる可能性があります。

暴行などの事故の発生を予見することが可能で、事故の発生を回避することができたにもかかわらず、何ら防止策を講じなかった場合、介護事業者は安全配慮義務に違反していると判断される可能性が高いと言えます。安全配慮義務違反と発生した損害に因果関係が認められた場合は、事業者側は多額の賠償義務が課される可能性があります。

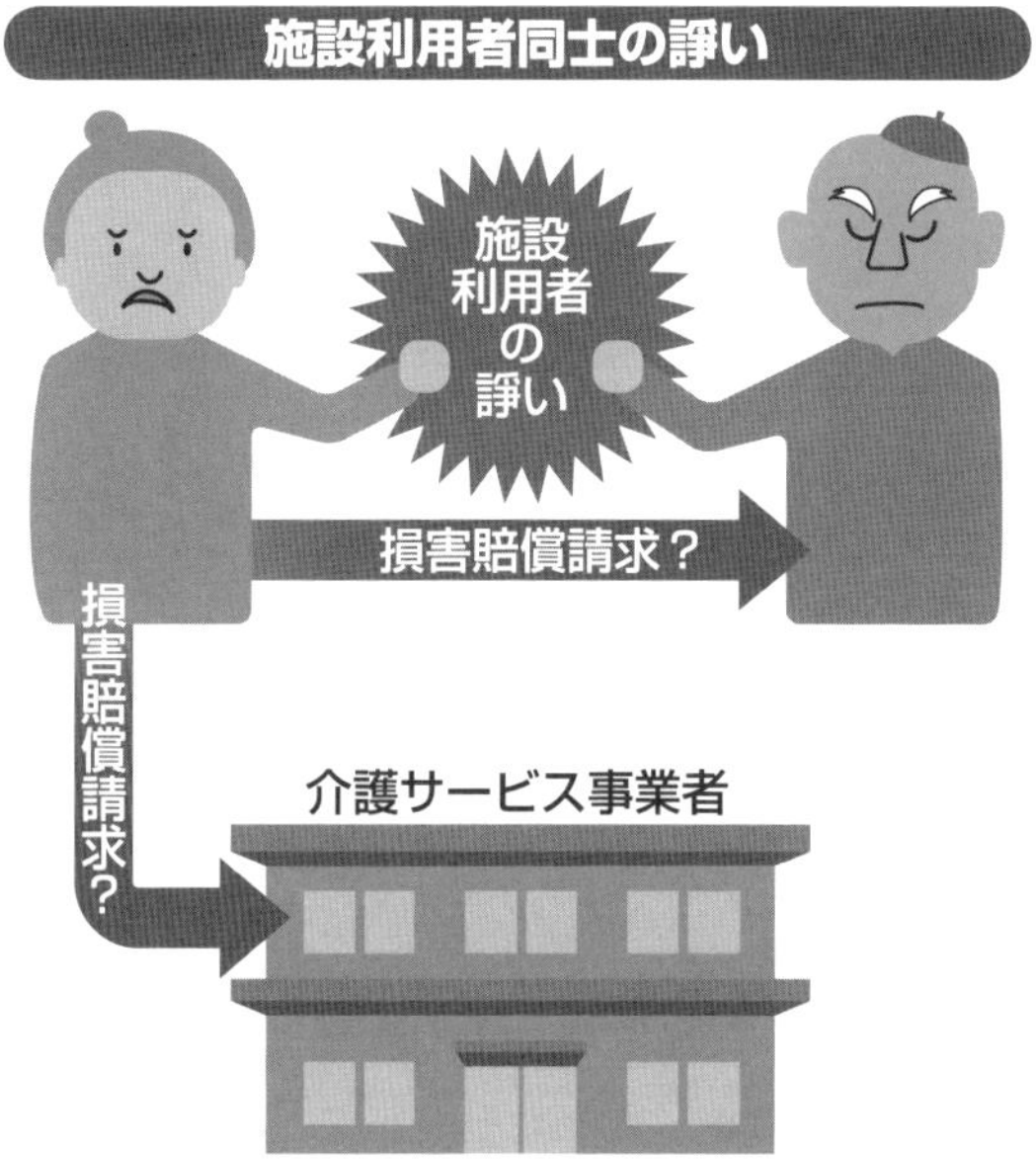

介護事業者として求められる対応

〈人間関係のこじれに対する対応の場合〉

人間関係の好き嫌いは、他人がコントロールすることが難しく、理由もなくどうしても好きになれないという人はやはり存在するものです。これは介護の現場でなくても通常起こり得る問題ですから、解決は相当困難であるといえます。

介護事業者としては、個人間の問題だからといって放置しておくことはできないのですが、このような感情的な問題に対して過剰に干渉することもまた妥当ではなく、適切なルール作りと、利用者間の公平を尊重した対応が望ましいといえます。

〈利用者間の金銭トラブルの場合〉

法律の観点から考えると、被害者である利用者が大金を所持しており、これを盗まれたことが立証できれば、盗んだ人は窃盗罪ということになりますが、その立証ができなければ、罪に問うことは困難ということになります。

利用者の中には、判断能力が低下している人や、虚言・妄想の癖のある人もいて、被害者の証言をすべて鵜呑みにすることも危険ですが、他方で、被害証言をすべて疑ってかかり、証明できないし犯人探しも困難であるということから放置してしまえば、介護事業者に対するクレームにつながることとなります。事実確認は必ずしも証拠のみに頼るのではなく、証言の信憑性を慎重に確認していく必要があります。

〈認知症患者の諍い〉

まずは、暴行行為に発展する前に、施設利用者同士の言い争いなどを発見した場合には、紛争を拡大しないよう、引き離し等を検討すべきです。利用者に対する公平・中立な対応が望まれますので、片方の肩を持つことは論外ですが、原因が客観的に明らかなのであれば、利用規定にしたがった処分を検討することも仕方ないことかと考えます。

利用者間のトラブルを拡大させない！事業者の対応総まとめポイント

★★★★★

＜通常の判断力を有している利用者の場合＞

- □ 介護スタッフは、利用者間の中立・公平を守っているか
- □ トラブルを防ぐという観点で見たとき、施設内のルールは適切か
- □ 処分を行う場合は、施設内のルールに則って行っているか
- □ 施設内で解決できない問題は、警察などに速やかに相談しているか
- □ 法的トラブルを相談する専門家はいるか

＜認知症の利用者の場合＞

- □ 介護スタッフは、一方が認知症患者であっても利用者間の中立・公平を守っているか
- □ 紛争を拡大させないため、言い争いを発見した際引き離しを検討するようスタッフに指導しているか
- □ 仲間外れやいじめがあることを知りながら、見て見ぬふりはしていないか

介護施設内とはいえ、利用者同士の人間関係は、一般社会と同様。日常生活を長時間共にすれば、自然と好き嫌いが生まれ、仲良しグループは派閥形成に発展することがあります
攻撃的な性格の利用者もいれば、認知症などで判断力が低下するとともに理性の抑えがきかなくなっている利用者もいます
些細なトラブルのうちに気付いて対処できるよう事業者は適切な対応を心がけたいものです

25 職員に関するさまざまなトラブル

介護職員の違法行為や職務怠慢など、職員を取り巻く代表的なトラブルについて見ていきます。

介護職員が故意に違法行為を働くケースとは

介護職員が、利用者に対して故意に違法な行為を働く場合があります。

よく問題化しがちなものの一つに、介護放棄（ネグレクト）の問題があります。介護施設と利用者との間は、サービス提供に関する契約によって結ばれていますから、サービスを提供しないことが契約違反になることはもちろん、刑法や高齢者虐待防止法違反などの問題もあります（ただし、利用者のクレームが不合理な場合や、過剰なサービスを期待しすぎている場合については、慎重に検討する必要があります）。

さらには、介護職員が利用者の所有物を窃盗したり、利用者に対して暴行を働いたりといったケースもあります。このようなことが判明すれば、違法行為であることは火を見るより明らかですから、直ちに介護事業者としての処分を決定する必要があります。介護職員の行為が業務上の行為の場合には、その使用者である介護施設も、民法上の使用者責任を問われる恐れがありますから、迅速な対処が必須です。

利用者が故意に違法行為を働くケース

以上の場合とは逆に、利用者が介護職員に対して、故意に違法行為を働く場合もあります。例えば、暴行行為や、職員への性的な行為です。

介護施設に入所している利用者の場合、重度の認知症等によって判断力が著しく低下している場合もあり、そのような場合には責任能力がないと判断される結果、責任を負わない可能性があります。

しかし、優しく対応するばかりでなく、違法行為に該当する場合には、仮に責任能力に疑問があるとしても、毅然とした態度で対応をし、理解を求めるべきでしょう。

職員による職務怠慢によるトラブル

介護現場で働く職員は、介護事業者に雇用されている労働者であることが大半です。したがって、通常の会社員と同様に、中には遅刻、欠勤、早退を繰り返したり、勤務に集中しない等、職務怠慢な態度を取ったりする職員もいます。

このような状況を放置し続ければ、いずれ介護事故等の惨事を引き起こすこととなりますので、勤務態度が不良な職員に対しては、就業規則や労働契約に従って、戒告や出勤停止といった懲戒処分、懲戒解雇、普通解雇等の処分を検討しなければなりません。

介護事業者は、介護職員の問題行為があれば、その度ごとに適切な対処を行い、職員と不当解雇などの無用な争いにならないよう注意が必要です。

職員を取り巻くトラブル

介護職員 → 利用者		介護放棄？ 虐待？
利用者 → 介護職員		暴行行為？性的行為？ 過剰なクレーム？
介護職員 → 介護事業者		職務怠慢？
介護事業者 → 介護職員		長時間勤務？ パラハラ？

職員に関する裁判事例①（訪問先で窃盗）

（宮崎地判平成17年12月7日）

訪問介護事業者Xは、利用者Aさん宅にヘルパーを派遣していました。派遣された登録介護ヘルパーは、約2年の間、Aさんの担当として、居室の掃除等の生活援助や入浴の世話にあたっていました。

Aさん宅に派遣されていた約2年という長期間にわたり、このヘルパーは総額700万円にも上る現金を盗んでいました。

Aさんは、本来、生活の補助をしてくれる立場にあるはずの介護ヘルパーに現金を盗まれ、しかもビデオテープで証拠をつきつけるまで、ヘルパーの使用者であった訪問介護事業者に窃盗の事情を話してもまともに取り合ってもらえない状況でした。

賠償額 700万円

ヘルパーは、窃盗罪として起訴されましたが、民事上でも損害賠償を請求され、700万円を支払うよう命じられました。

ヘルパーは盗みを働いたのですから、責任を負うのは当然のことと言えますが、この事件では、ヘルパーを派遣していた訪問介護事業者に対しても、使用者として損害を賠償する義務があるとして、ヘルパーと連帯して700万円を支払うよう命じられました。

裁判で指摘された問題点

- ヘルパーが窃取した金額および精神的慰謝料

事例から学ぶポイント

- 事業者には「使用者責任」があり、職員の行為について、広く責任を負う
- ヘルパーが窃盗を働いた場合、介護事業者も賠償責任を負う
- 職員が第三者に損害を与えるような行為をしないよう、注意・監督をするように心がける
- 問題が起こった際は、事実調査を丁寧に行い、迅速に対応する

職員に関するトラブル事例②（普通解雇）

施設Yでは、職員Bが、1か月のうち半分程度の営業日を遅刻していました。出勤しても、昼休み等を使って空き室で横になって仮眠を取るなどしたことが利用者からのクレームにつながり、解雇をすることを検討した事例がありました。

こうした職員の解雇をする場合には、①客観的に合理的な理由、②社会的相当性、という2つの要件が必要であり、この2つを欠く解雇は、解雇権濫用として違法無効とされます。したがって、職務怠慢による解雇が適法かどうかは、その職務怠慢の期間、回数、程度、態様、原因、改善の見込みなどの事情を総合的に考慮して判断する必要があります。

施設Yは、職員Bに対して、過去に既に何度も同じことで注意を行っており、その証拠が書面として残っていました。また、けん責、戒告という軽めの懲戒処分を2度受けていたこともあり、もはや改善の見込みなしと判断され、普通解雇が有効と判断されました。

事例から学ぶポイント

職務怠慢の場合

▶解雇が適法となるためには下記2点が必要

- 客観的に合理的な理由
- 社会的相当性

▶用意しておくべきもの

- □ 注意指導した記録（メモ、メール、報告書等）
- □ 懲戒処分の記録、介護職員による弁明の記録

介護事業者　雇用契約・就業規則等によってつながれた関係　介護職員

職員に関するトラブル事例③〈過剰クレーム〉

〈過剰な介護要求に関するクレームの場合〉

ある施設で、利用者の過剰な介護の要求を受けたことに対して、これを拒絶したところ、利用者の不満を聞いた家族から感情的なクレームを受けたというケースがありました。

これは、サービスが適切であったにもかかわらず利用者の権利意識が高揚してしまったケースに該当するものであり、組織としても適切な調査をした上ではありますが、毅然とした対応を心がけるべき場面といえます。

〈適切な苦情を放置して悪化した場合〉

また一方、別の施設では、利用者による過剰なクレームが多くあったために、それぞれの対応を職員個々人の判断に任せていたところ、一部の職員が、監視の行き届かないところで職務怠慢を始め、適切なクレームを放置することとなり、大きな介護ミスに発展したケースがありました。

クレーム対応のポイント

クレームの表面的な部分だけで判断しない！
事実調査を丁寧に行うこと！

① 理不尽な要求の場合	→ 組織として毅然とした対応を
② 裏に深刻な問題が潜む場合	→ ■ どこまで謝罪するか ■ どこまで認めるかを適切に ■ 再発防止措置を組織として迅速に整備すること

職員のストレスを軽減してトラブルを予防しよう

介護の現場では、利用者は心身に障害を生じていたり、認知症の進行によって判断力が低下していたりしますから、さまざまなトラブルがつきものですし、職員はそのことを十分に理解して寛大な対応すべきです。

しかし、下表の通り、高齢者虐待の報告件数は年々増加の一途をたどっており、その種別の割合は、身体的虐待が最も多いとのことです。

虐待が起きてしまう原因の一つに、介護に従事する職員数が不足している現状と、それによって、一部の職員に対して過剰な負担が生じ、また、悪質な職員を辞めさせることができない状態にあるという実情があります。

介護施設としては、まずは職員に対する虐待防止教育を徹底することは当然ですが、その上で、職員の介護スキルの向上、介護施設の業務のルール化を進め、業務効率を上げることによって、一部の職員に過剰な負担、ストレスを負わせすぎないようにすることが大事でしょう。

介護施設での虐待

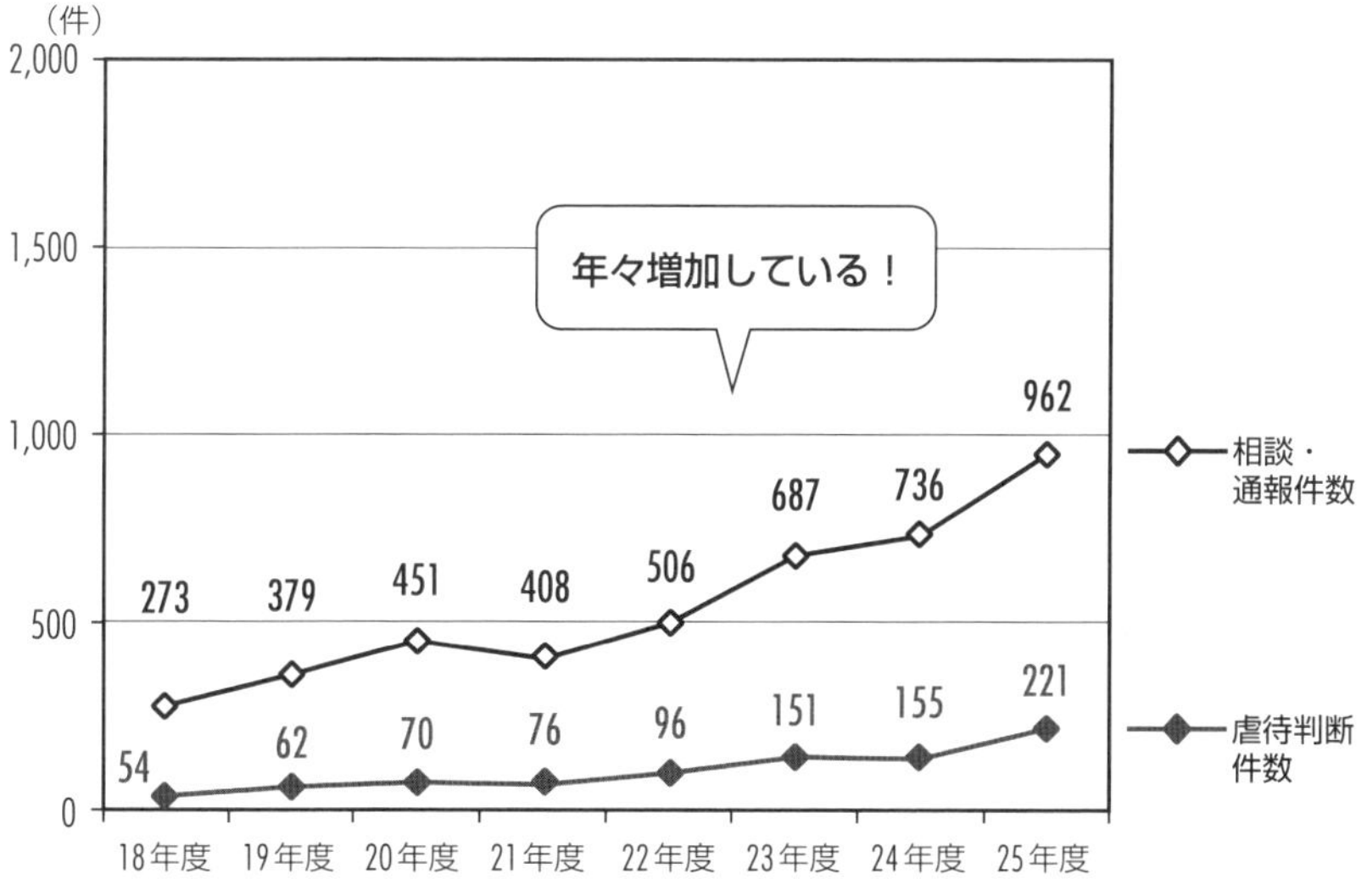

出典：厚生労働省「平成25年度 高齢者虐待対応状況調査結果概要」より

介護事業者としての対応

介護職員も人間ですから、仕事とはいえ、どうしても利用者に対して、気の合う人もいれば、気の合わない人も出てきてしまいます。もちろん仕事ですので、合う・合わないにかかわらず、同質同等の介護サービスは提供しなくてはなりませんが、利用者のことを嫌いだと思って対応していれば、介護サービスの質が下がることは否めないでしょう。

介護事業者や施設責任者は、利用者によってサービスの質が極端に変わることを避けるためにも、職員とのコミュニケーションを密に取り、場合によっては担当替えなども検討する必要があります。

苦情やクレームにはまず事実確認を！理不尽な要求もある

利用者から上がる、職員に対する苦情やクレームの声には、対応を職員に任せるのではなく、組織として対応の方法、方針を明確に示すことが重要です。

その上で、まずクレーム内容について、関係者の事情聴取を行い、事実の把握を適切に行うことが重要となります。特に、苦情・クレームがなされている内容は、利用者の不満のごく一部が表面化しただけであることが通常ですから、その奥にどのような感情が隠れているのか、実際に問題となっている事実関係はどのようなことかという点に十分に注意し、丁寧に進める必要があります。

そして、事実関係の把握の結果、やはり理不尽な要求であるという結論に至れば、組織として一丸となって毅然とした対応を貫き通すべきです。逆に、事実関係を丁寧に調査した結果、さまざまな問題点が発覚し、苦情・クレームが役に立ったというケースも多いはずです。

問題が発覚した際は、苦情・クレームをその時限りで終わらせずに、再発防止措置を組織として整備することが必要不可欠です。

職員のトラブルを見過ごさない　事業者の対応総まとめポイント

★★★★★

- 利用者によってサービスの対応を変えている職員はいないか
- 職員の業務に関する不平・不満などきちんとヒアリングはできているか
- 最近、職務怠慢な態度をとっている職員はいないか
- 虐待防止教育など、介護スキルの向上に役立つ研修を行っているか。または外部講習に参加させているか
- 就業規則や労働契約は整備されているか
- 人手不足などを理由に、一部の職員に過剰な負担を強いていないか
- サービス残業など、違法な労働条件で職員を働かせていないか
- 利用者から苦情やクレームの声が上がった際、事実調査を丁寧にしているか
- 問題点が発覚した際、職員の個人スキルに頼ることなく、組織として再発防止に取り組んでいるか

職員も人間ですので、ストレスが溜まればミスも増えるし、問題も起きやすくなります。慢性的な人で不足に悩む事業者も多いと思いますが、一部の職員に負担が偏らないよう注意しましょう

26 介護施設入居契約時のトラブル

介護施設への入居というのは、利用者にとっては「引っ越し」そのものです。トラブルを未然に防ぐため、契約時にしっかりした説明が求められます。

入居契約時にはしっかり説明する義務がある

介護施設への入居の契約の場合、当然ながら、契約内容は介護事業者側の方がよく理解しており、知識・情報も多く持っています。したがって、お互いに契約内容を十分に理解して契約を締結するためには、介護事業者が利用者に対して、疑問点・不明点を十分に説明する必要があります。特に、大半の利用者は、介護サービスの利用が初めてでしょうから、介護事業者にとっては当たり前と思えるようなことでも、全く理解していないことも多いものです。

説明が不十分な状態のまま入居させてしまったり、入居者を確保するために安心感、安全感を過剰に期待させていたりする場合、後々介護事故が起こった場合に、説明義務違反による誤解が、事態をより深刻化させることがありますので、注意が必要です。

説明しておくべき事項とは？

まずは、介護事業者がどのようなサービスを提供しているのか、実際に入所すると、どのような生活をすることになるのか、どのような事故・トラブルの起こるリスクがあるか、それらの事故・トラブルが起こった場合、どの程度までが介護事業者の責任となるのか、といった点については、特に介護事業者と利用者との間の認識に齟齬が生じやすい事項と言えますから、入念な説明が必須です。

特に有料老人ホームの入居契約の場合、入居者や入居希望者に対して、有料老人ホームが提供するサービスの内容等について記載した重要事項説明書を交付することが法律で義務づけられていますので、必ず入居契約前によく内容を説明した上で、交付するようにしましょう。

トラブルになりやすい入居時のお金の話

有料老人ホームの大半は、入居時に一定程度の「入居一時金」を支払い、一生住み続ける権利「終身利用権」を得るためのお金を支払う契約になっていることと思います。

しかしこの入居一時金や終身利用権金をめぐってトラブルが相次いでいます。グラフを見てもわかる通り、全国の消費生活センターや独立行政法人国民生活センターに寄せられる有料老人ホームに関する相談件数の8割が「契約・解約」に関する事柄になっています。

具体的な相談内容としては、「入居後短期間で退所したが、少額しか返金されない」や「解約をしたが、期日が過ぎても返還金が支払われない」といった内容となっており、ほとんどが契約解除後の返還金をめぐってのトラブルです。

有料老人ホーム入居契約書には、入居一時金の償却方法や、入居契約が解除された場合や入居者死亡で契約が終了した場合の、入居一時金の返還金の算出方法、終身利用権金の不返還合意などを規定していることと思いますが、契約書に記載されていれば、必ず有効ということではありませんので、次の事例で確認していきましょう。

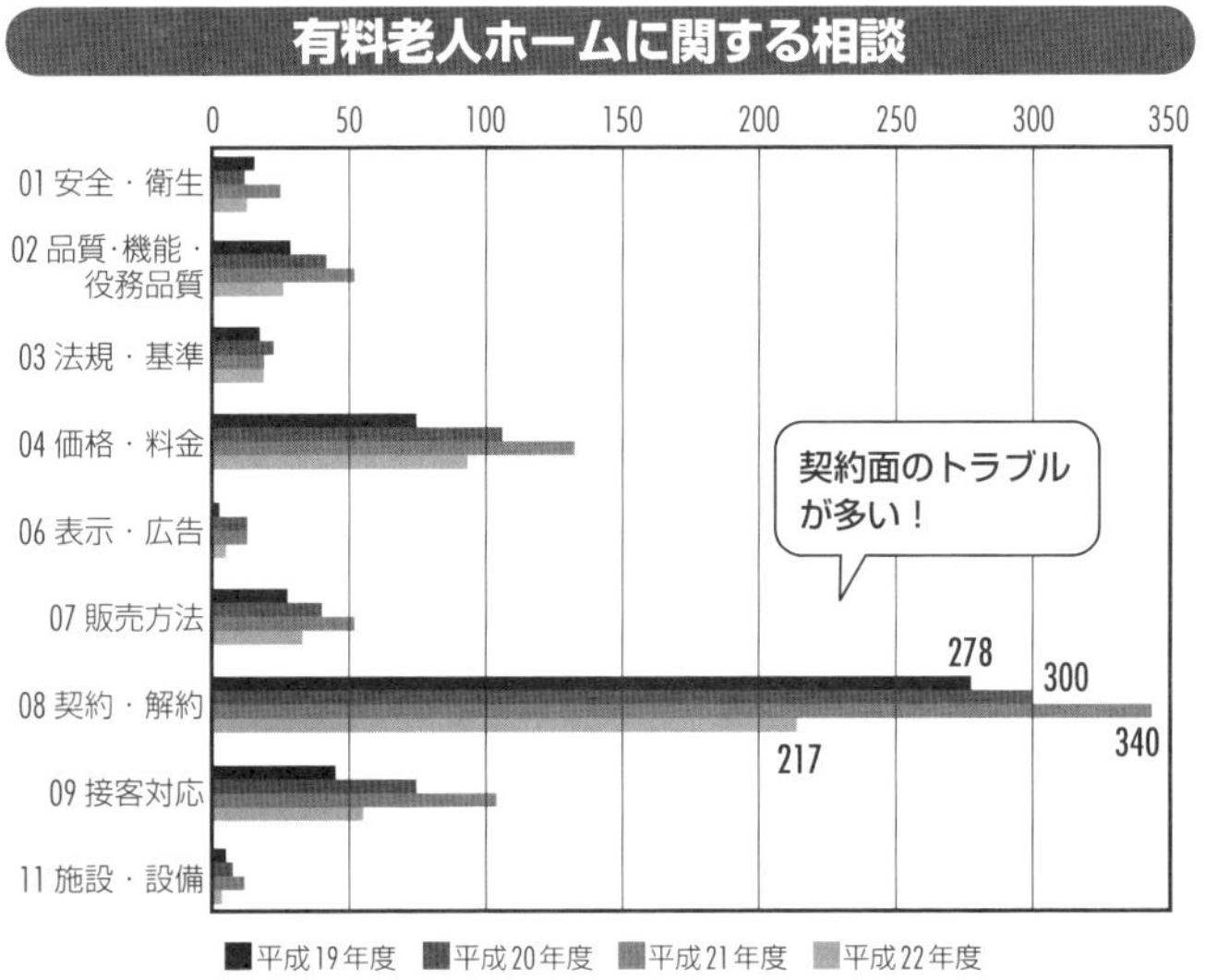

出典：PIO-NET（全国消費生活情報ネットワーク・システム）※平成22年度は平成22年4月1日～11月26日受付分まで

入居契約時の裁判事例①（入居一時金の償却）

（東京地裁平成21年5月19日判決）

利用者Aさんは、介護付き有料老人ホームXへの入居を決め、入居契約を締結しました。

この契約では、「終身利用権金」として210万円、「入居一時金」として73万5千円が必要でした。また、「終身利用権金」については、入居した場合は返還されないもの、「入居一時金」は契約締結から3年間で償却をするものと規定されていました。

Aさんは、2年弱で入居契約を解除したのですが、その際返還された金額は28万5826円で、契約通りの金額しか返還されませんでした。

Aさん側は「このような終身利用権金や入居一時金の規定は、入居者にとって経済的に大きな負担となるため、そもそも消費者契約法に違反し無効ではないか」と、入居契約を解除した裁判で主張しましたが、その請求は棄却されました。

判決
請求棄却

裁判で請求が棄却された理由

- 「終身利用権金」は、老人ホームの居室等を終身にわたって利用し、各種サービスを受けるための地位を取得するための対価であり、契約の締結により、入居者はその地位を獲得するのであり、事業者は「終身利用権金」を返還する義務を負わない
- 「入居一時金」は、老人ホームの設備やさまざまなサービスを提供するための経費として使われるもの。解約等により途中で退去することになったとしても、それまでの間に償却され、経費として費消された場合には、その部分の返還を受けることはできない

事例から学ぶポイント

- 「終身利用権金」は、違約金を定めるものと判断できる場合を除き、不返還合意は有効
- 「入居一時金」は、不当に高額であるとか、償却期間が不当に短い場合を除き償却合意は有効

入居契約時の裁判事例②（入居金の償却）

（大阪高裁平成22年8月31日判決）

Bさんは、高齢者用介護サービス付き賃貸マンションYの一室に入居することを決め、賃貸借契約を締結しました。

この契約では、「入居金」600万円が必要とされ、5年で償却するものと規定されていました。約1年半後に賃貸借契約を終了し、入居金の返還を求めたところ、入居期間2年として240万円が償却されました。

この例では、入居金の法的性格として「①賃貸借契約から生ずる事業者の債務の担保、②医師と看護師による24時間体制の整った居室への入居の対価、③居室において提供されるサービスの対価」を併せ持つと判断されました。

判決
入居金
償却条項
無効

その上で、この介護サービス付き賃貸マンションYは、事業者が宣伝していたような24時間対応の実態はなく、対価に相当する居室におけるサービス提供もしていないのに、1年毎に120万円を取得することは、消費者であるBさんの権利を制限するものであり、消費者契約法により「無効」と判断されました。

そもそも、入居一時金とは、償却期間のうちに入居者の居住によって生じる経費の一部に充当されて費消されていくことを前提としていますが、今回の事例では提供したサービス（発生した経費）に比べ、入居金が不当に高額であると判断されたと言えます。

事例から学ぶポイント

- 消費者契約法は、消費者と事業者との間の、情報の質や量、交渉力の格差に照らして、「消費者の利益の擁護」を目的としている
- 入居一時金は、不当に高額であるとか、償却期間が不当に短い、入居一時金の説明がなされていないといった場合は、償却合意が無効と判断されるケースもある

入居契約時におけるその他の注意点

介護施設に入居を希望する利用者の場合、認知症などによって判断力が低下しており、入居契約を締結するのに十分な能力を有していない場合があります。その場合、一度契約を締結して入所したとしても、その後トラブルとなった場合に、契約の有効性やその内容について利用者の家族をも巻き込んでもめ事となることもよくあります。

しかし、利用者本人が、介護サービス利用契約を締結するに足りる十分な判断能力を持っていない場合であったとしても、そのことのみを理由として介護サービスの提供を一切拒絶することは、福祉サービスに従事する者の対応として適切であるとは言えません。

ですが、介護サービスを提供するに際しては、報酬を請求せねばならず、また利用者に不適切な行為があった場合には、退所等の処分をする必要がある場合もあり得るため、このような決め事について契約を締結しておかなければ、介護サービスを提供することはできません。

したがって、本人の判断能力が不足している場合には、判断能力を持つ者が、その代理として契約を締結する必要があります。

家族の代理権はないのが原則

利用者の家族であれば誰でも勝手に利用者の代理として契約を締結してよいということではありません。

家族であっても、代理人として行為をするためには、代理人として授権を受けることが必要ですが、利用者に判断能力が不足している以上、授権もないのが通常でしょう。

そうしますと、利用者に無断で、利用者の家族が介護事業者との間で契約を締結した場合には、これは法律的には無権代理ということになります。この場合、利用者の家族が介護事業者に対して報酬を支払ってくれた場合はまだよいですが、契約締結後に利用者側が無効を主張した場合には、報酬が支払われないといったトラブルにもなりかねません。

成年後見人による代理

このように、介護施設利用者の判断能力が不足している場合は、成年後見制度（第5章を参照）の利用を促す必要があります。また、既に成年後見人が定まっている場合は、介護事業者は、介護サービスの利用に関する契約を成年後見人による代理で締結することになります。

ただし、成年後見人がその職務を行うにあたっては、成年被後見人の意思を尊重し、かつ、その心身の状態及び生活の状況に配慮しなければならないとされているため（これを、「意思尊重義務」「身上配慮義務」と言います）、介護施設への入所等が本人の利益となるか、慎重に検討することが必要です。

契約を結ぶべき相手を確認するフローチャート

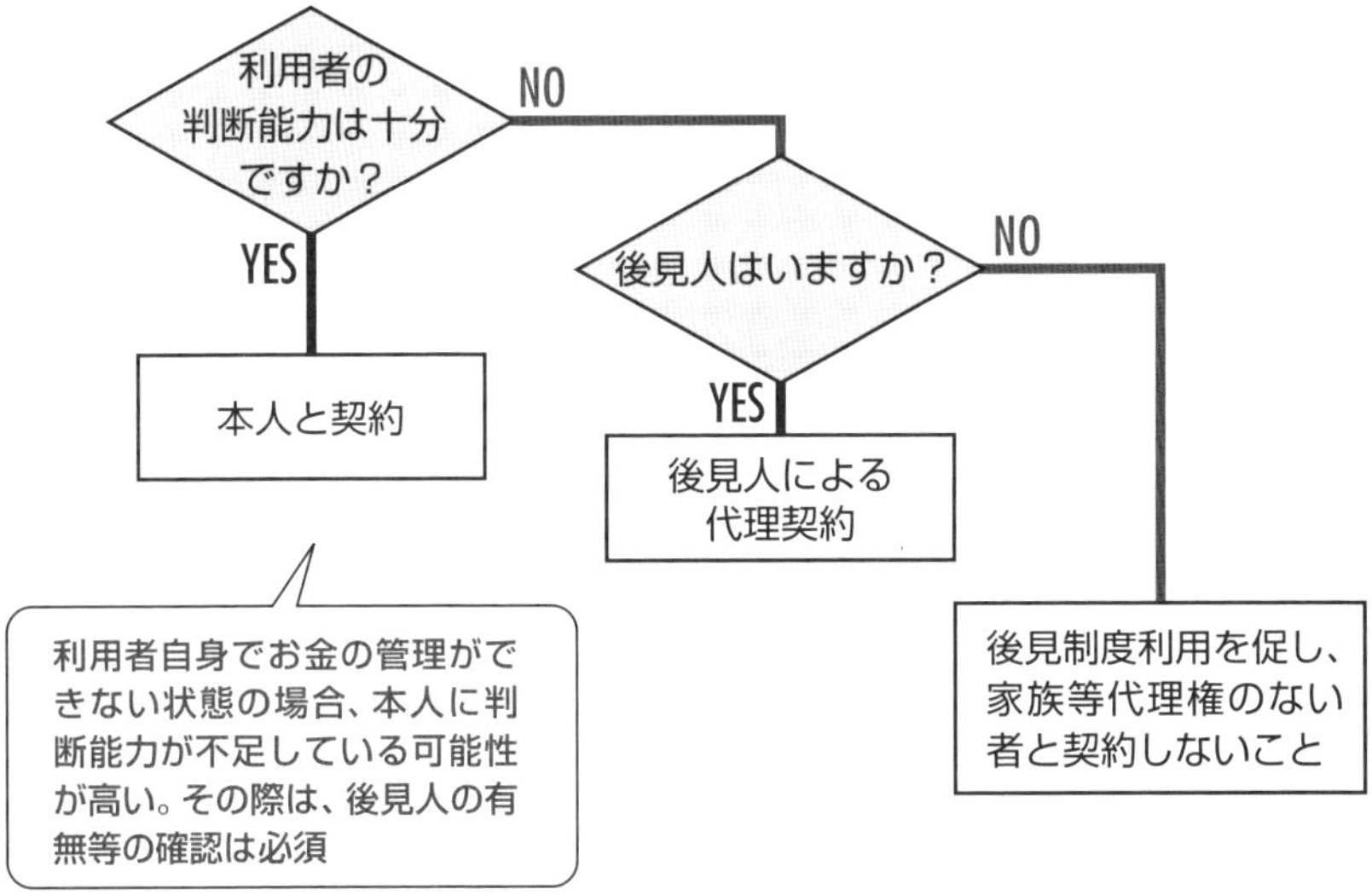
利用者の判断能力は十分ですか？
NO
YES
本人と契約
後見人はいますか？
NO
YES
後見人による代理契約
利用者自身でお金の管理ができない状態の場合、本人に判断能力が不足している可能性が高い。その際は、後見人の有無等の確認は必須
後見制度利用を促し、家族等代理権のない者と契約しないこと

介護事業者としてトラブルを未然に防ぐには

　入居契約時のトラブルを未然に防ぐために、利用者に不測の損害が生じないよう配慮すべきです。具体的には、施設側から提供されるサービス、施設の設備や入居者の権利・義務などについては、パンフレット等で入居希望者に対し詳細に説明されるべきです。

　また、契約に際しては事業者と利用者の認識の齟齬をなくすためにも、利用者が納得いくまでサービスの内容や入居後の生活状況を説明すべきです。特にトラブルとなりやすい入居金などのお金の話については、なぜその金額が必要なのか、解約や死亡により契約が終了した場合どうなるのかなど、利用者の理解が得られるまできちんと説明しましょう。

事業者の責任についても説明しておきたい

　次に、介護事故等が生じた場合の事業者の責任について、より詳しい説明をするのがよいでしょう。利用者やその家族の中には、介護事故が起こらないためにつきっきりの介護を期待していたり、すべての生活上の行為をスタッフが代替して行ってくれると信じていたりする場合もあるため、介護サービスに限界があることを前もって示すことは重要です。

　当然ながら、生活の中で起こる介護事故がすべてやむを得ないとして免責されるわけではありません。しかしながら、これらの誤解を利用者やその家族に抱かせたままに介護事故に遭遇し、その後にどのような方針で介護を行っていたかについて説明するというのでは、利用者側からしても言い訳、弁明にしか聞こえず、さらに感情を逆なですることにすらなりかねません。したがって、あらかじめ入居の段階で、提供するサービス内容と質について説明を尽くすことが重要です。

入居契約トラブル防止　事業者の対応総まとめポイント

★★★★★

＜契約時のお金について＞

- 終身利用権金、入居一時金の説明をし、利用者はきちんと理解したか
- 入居一時金は、月額利用料と比べて、不当に高額ではないか
- 入居一時金を一括償却するなど、不当に短期間で償却することを定めていないか
- 契約から90日以内の契約解除の場合には、原則として「一時金」の全額を返還することを契約で定めているか

＜その他＞

- 利用者の判断能力は十分か
- 提供サービス内容や、入所後の生活など十分説明したか
- 介護事故や介護ミスの起こるリスクを、介護事業者として十分に理解しているか
- 日常生活で起こり得る転倒などによる事故は、施設に入所したとしても避けられないことを伝えたか
- 24時間監視体制など、対応困難なサービスを売りにしていないか
- 安心感・安全感といった抽象的な用語を用いるなどして、過度に期待を煽っていないか
- 契約書は専門家である弁護士に確認してもらっているか

コラム

損害保険の加入は義務！

物損や紛失は、介護職員の対応に落ち度があれば同等の品に交換または弁償することが一般的です。高額な場合は賠償保険にて賄うこともできます。

介護事業所は損害保険の加入が義務づけられています。保険に未加入の事業所は法律違反です。速やかに加入するか、経営者に加入要求をしてください。事業所が保有・管理する個人情報が漏えいした場合の賠償リスクを補償する保険もあります。

保険でカバーする内容が狭いと思われる場合は、保険内容の見直しを検討するとよいでしょう。最近では、「弁護士特約」という項目を付加することが一般的です。

なお、事業所が保険未加入の状態で、職員が物損・紛失・個人情報の流出のトラブルに巻き込まれた場合、事業所あるいは職員自身に自費弁償を課すことになりますので、十分に注意が必要です。

実際にあった家族からの要求

・**古い家電を使用しての家事援助**…何十年も使っている掃除機の「コードが本体に収納されなくなったのは、ヘルパーの取り扱いが雑だから」と新品への買い替えを要求

・**着古して破けそうな衣類の更衣介助**…着古して薄くなっていたシャツをヘルパーが介助して脱がそうとして肩が破れた。「気に入っていたので、弁償してほしい」と要求

・**家屋が老朽化していることによる破損**…もともと腐りかけていた床板であったが「ヘルパーが、ドタドタ歩くから床板が抜けた。事業所の責任だから直して」と要求

老朽化による物損が予想される場合には、あらかじめ本人家族にその旨を伝え、責任を問われないよう確認を取る等の手立てが必要です。もめ事にならないためには普段のかかわりも大切です。

第3章

それでも事故が起きたら

介護の現場では、事故の発生を防止するためにどんなに対策を講じても、事故を避けることは難しいものです。そこで、事故が発生した場合に、被害を最小限度に留めるための対策についてもきちんと考えておくことが重要です。

27 指針を用意して研修を行う

事故が発生してしまった場合の対策として重要なのは事前の準備です。

まずは指針を用意する

事故を防止するために対策を講じることももちろん重要ですが、介護の現場では利用者の状態は千差万別であり、予測できない事態が発生することは避けられません。いかに準備を万全にしても、事故の発生を確実に防止することはできないと考えるべきです。そのため、事故が起きた場合に備えることも必要不可欠と言えます。

そして、事故後の対策として、重要なのは指針の確立です。指針を作成するだけではもちろんダメで、指針に基づいて研修（教育）をすることが重要です。仮に事故が起きてしまっても適切な指針に基づいて適切な研修を行い、事故発生後も適切に対応していれば施設側の責任は軽減されることがあります。

指針は具体的な事故を想定して作成しよう

指針は、制定することに目的があるのではなく、指針を活用して、事故が発生した場合の被害の拡大を防止することが目的です。

指針の作成にあたっては、抽象的な理想論を書き並べるだけでは不十分です。具体的な対応策を明示し、介護の現場に実践的に活用できる指針でなければ意味がありません。とはいえ、あまりにも膨大な指針では職員が指針の内容を実践することができません。職員が指針をきちんと理解でき、実践できるよう、わかりやすい内容で簡潔なものにしましょう。

また、情報はアップデートしなければ意味がありませんから、指針の内容は、定期的に改訂するようにしましょう。

責任者や連絡体制も確認しておく

事故後の対応を検討する際に、意識しなければならないことは、「事故発生後は、現場が混乱している」ということです。事故を想定した具体的な対策――①責任者と指揮命令系統、②役割分担、③連絡体制（家族への連絡を含む）などを立てるようにしましょう。

特に、責任者については、責任者が事故発生時に不在ということがないよう順位も決めておきましょう。

指針を理解するための研修を行う

指針を策定したら、指針どおりに事故に対応できるようにするために研修を行います。訓練をしていないと事故が起きた場合に適切に対処することは困難です。

人員が足りない介護の現場では、満足のいく研修を行う時間や余裕がないことも多いと思われますが、研修を行わなければ対策としては不十分です。研修は、裁判になった事例説明など講義形式のものも必要ですが、実際に事故が起きた場合に適切に対応できるようできるだけ実践的な研修にしましょう。

万一事故が起きたときのために備えよう

指針

- 事故が起きてしまった場合を想定した具体的な内容を記載した指針を作成する
- 指針には、事故発生時の責任者や連絡体制についても盛り込む

↓

研修

- 研修は、従業員の理解が深まるように、講義形式や実践形式など、さまざまなタイプを用意したい

28 事故が起きたら、まず家族・行政に連絡する

事故が発生した場合の家族や行政への連絡体制を確立し、速やかな情報の開示を心がけましょう

連絡は速やかに行うこと

事故を防止すべく対策を講じていたにも関わらず、不幸にして事故が起きてしまった場合に、忘れてはならないのが家族や行政への連絡です。

特に家族への連絡は、誤った方法・時期に連絡してしまうと、家族から不信感を持たれてしまい、その後のトラブルが拡大するおそれがありますので注意が必要です。

連絡体制を確立しておく

事後が起きてしまった場合の連絡体制は、指針を設けておいて、指針に従って連絡することになります。その際に注意すべきなのは、だれが、どのような方法で、どのタイミングに連絡するかという点です。

「だれが行うか」という点では、連絡係を一本化しておくことが望ましいでしょう。複数の職員が家族への連絡を行うと、情報が錯綜して混乱する可能性があります。また、然るべき職員が連絡しなければ、必要な情報を適切な形で伝えることができず、やはり混乱することが考えられます。さらには、利用者とともに病院に同行した職員が、家族との連絡をその後も続けるというのも現実的ではありません。

「どのような方法で連絡するか」について、電子メールの利用は、記録に残るという点ではよいのですが、緊急の場合は適切ではありません。家族が常にタイミングよくメールを確認するわけではないからです。電話は、直接家族と話をしますので、情報を確実に伝えることができます。ただし、通話記録は残っても、録音でもしないかぎり通話の内容は記録に残らないため、後から「言った／言わない」といったトラブルになることがあります。

このため、連絡方法については、複数の手段を講じるのがよいでしょう。

「どのタイミングで行うか」については、初期の連絡はできるだけ早く連絡する必要があります。事故発生直後は、現場が混乱している場合があり、事実関係をきちんと把握した上で連絡することは難しいとは思いますが、それでも事故の概略についてはまずは家族に報告した方がよいです。この場合には、事故があった事実と利用者の容体を端的に伝えるのみに留めましょう。詳細については後日改めて報告した方がトラブルになりにくいです。

行政への連絡の注意点

行政に対しては、介護保険法ないしはその省令に基づいて、事故報告を行う必要があります。その報告内容の詳細は、自治体ごとに異なりますが、行政への報告を怠ると、行政による立入検査を受けたり、最悪の場合、指定の取り消しを受けたりするおそれもありますので、適切に対応する必要があります。

事故発生時の連絡対応チャート

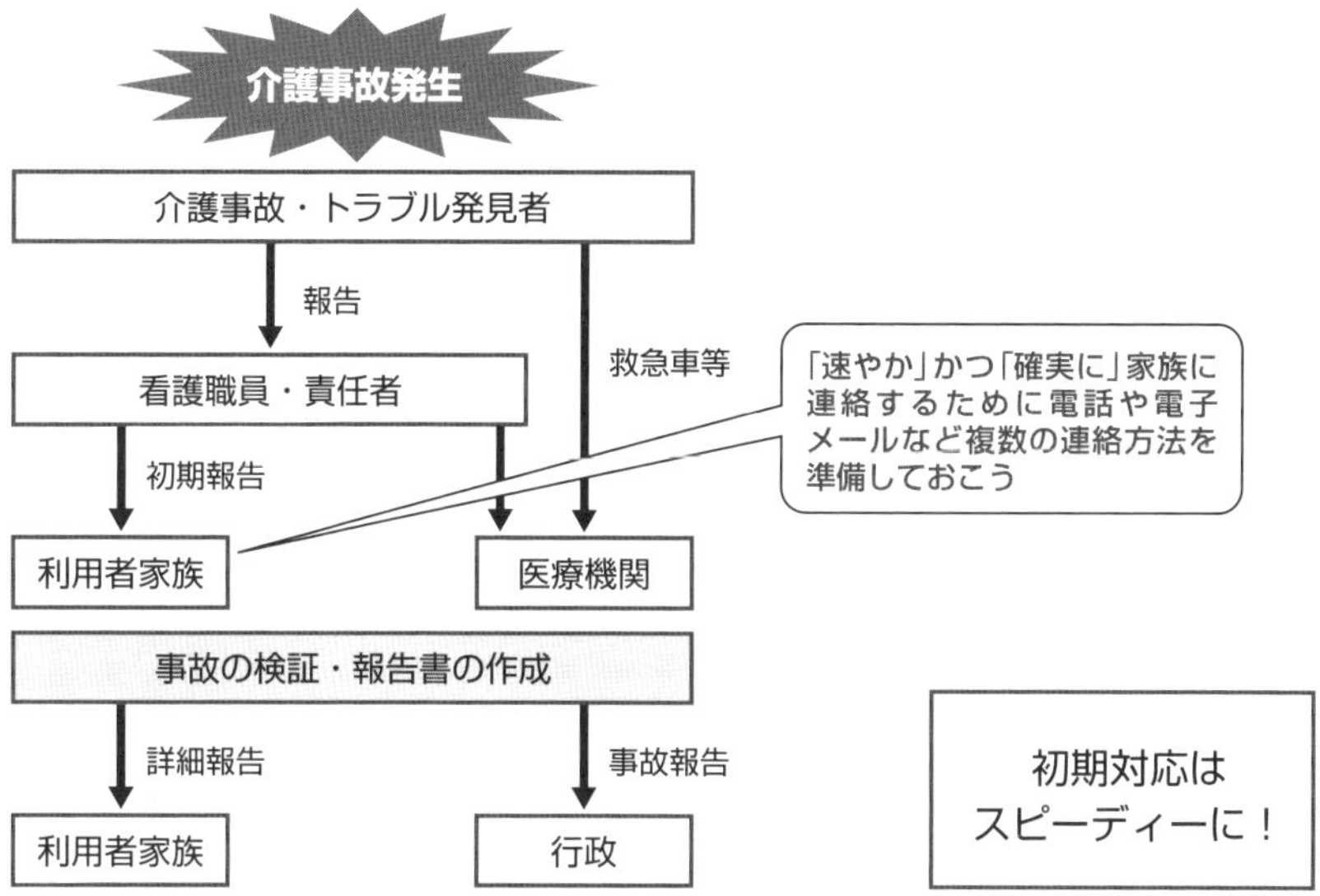

29 事故が起きたらすべて記録を取る

事故状況報告書の作成目的を理解しておけば、万一事故が起きても、適切な記録を作成することができます。

記録を取ることの重要性は？

事故が起きた場合は、必ず事故に関する記録を取るようにします。人の記憶は忘れやすく、またトラブルが発生した状況では、さまざまなことが起きて記憶もあいまいになります。そこで、事故発生直後の事故に関する記憶がまだ鮮明なうちに、記録を作成することが重要になってきます。

事故報告は、行政に対して求められていることもあり、どこの施設でも「事故報告書」を作成していると思います。この記録を取る目的をもう少し明確にしておくとよいでしょう。なお、事故報告書の様式は16～17ページに示していますので参考にしてください。

事故の記録を取る目的は、主に次の3つと考えられます。①法令に従って、行政に対して事故の状況を報告する必要があるため、②事故の経緯を分析し、再発を防ぐことに利用するため、③利用者（利用者の家族）との関係がこじれて裁判になった場合、施設側の対応には問題がなかったと証明する証拠になるためのものです。

記録の取り方にはバリエーションがある

記録といえば事実関係や時系列を文字に起こして「文書を作成」する、とイメージしがちですが、備忘録としてはそれに限りません。現場の「写真を撮影」したり、関係者の「話を録音」しておいたり、などでもかまいません。

利用者（やその家族）、また行政に対しては最終的には書面で報告することになるでしょうが、とりあえず何らかの方法で記録に残しておくことが重要です。

また、第三者に提出する記録を作成する際には、誤りや思い違いを防ぐために、複数の職員で事実関係を確認しながら作成するようにしましょう。重大事故については弁護士などの施設外の第三者にチェックしてもらう方が望ましいと言えます。また、記録には、利用者の状況だけではなく、だれがどのような対応をしたかも記録するようにしましょう。

施設側に不利益となる事実も記載すべき

このような事故報告書の記載事項の中で悩ましいのが、施設側の過失が明らかであった場合です。すべての事実を包み隠さず記載しようということは簡単ですが、施設の現場で実際にどこまで記録するかは悩ましいところです。

施設側の過失が明らかな場合には、不利益な事実を包み隠さず記載した方が、裁判などにならずに解決することができ、結果的によい場合もあります。

なお、施設側が自らに不利益となる事実を認めたからといって、施設側が責任のすべてを認めることにはなりません。

記録作成のポイント

記録を取る目的

① 行政や家族に対しての報告のため
② 事故再発防止のため
③ 争いになった場合の証拠保全のため

目的をきちんと理解すれば、記録のとり方も変わってくる！

記録の取りかた

- 記憶が鮮明なうちに、時系列でだれがいつ何をしたか、文字で記録を残す
- 写真や録音を残す　⇒　証拠保全に使える
- 複数の職員で事実関係を確認しながら慎重に作成する
  ⇒　被害者や行政に報告するために作成する「記録」として使える

記録に残せるのは、文字以外にもある

30 重大事故が起きた場合の対応

死亡事故など重大事故が起きた場合には特に慎重に対応しましょう。

すぐに弁護士に相談しよう

利用者が死亡ないし重大な後遺症を患ってしまうなどの重大な事故が起きた場合には、特に慎重に対応する必要があります。通常の事故と一番の違いは、重大事故は裁判になる可能性が高いという点です。

重大事故が起きたら事故発生後直ちに弁護士に相談しましょう。通常の事故の場合には、指針に従って行動することで問題なく解決するケースもありますが、重大事故については、裁判になることを見据えて、弁護士に早期に相談し、弁護士の指示を仰ぎながら、事故の調査方法や利用者（と家族）への対応についても、協議しつつ進めた方が安全です。

また、情報についてもどのような内容を開示するかという問題はありますが、事前に弁護士と協議した上で、積極的に開示するようにしましょう。

第三者委員会の設置を検討しよう

また、事故後の調査については、施設による調査とは別に、施設とは利害関係がない有識者（弁護士や医者など）による第三者委員会を設けることも有用です。

第三者委員会は調査の結果を報告書にまとめることになりますが、その報告書は第三者の客観的な見解をまとめたものとして扱われることが多いです。そのため、第三者委員会のメンバーは「施設と関係がない専門家」である必要がありますので、事故発生後すぐに人選できるように事前に準備しておく必要があります。

謝罪する方がよい場合もある

また、調査の結果、施設側に過失があったことが判明した場合には、誠心誠意、謝罪することも検討すべきです。何でも責任を否定すればよいということでもなく、場合によっては、謝罪が必要な場合もあります。謝罪することによって裁判にならずに解決するケースも多いものです。

裁判になった場合の時間と負担

重大事故は、利用者側との感情的な対立が大きく、請求される損害賠償額も高額になるケースが多いです。

裁判になった場合には、弁護士を付けないと裁判で敗訴してしまう可能性が高くなりますので、弁護士を代理人として選任し、裁判に対応するようにしてください。

裁判になった場合の時間と負担ですが、通常は1～2年はかかります。また、弁護士だけで裁判の準備をすることはできませんので、弁護士との間で、裁判所に提出する資料の作成や打ち合わせを行う必要があり、さらには裁判所で証言をすることもありますので、時間面や労力面でかなりの負担になることは間違いありません。また、裁判で勝とうが負けようが、各当事者が各自の弁護士費用を負担することになります。

このように裁判になるとかなりの経済的・精神的負担がかかることになりますので、裁判にならないようにきちんと対策を講じましょう。

重大事故が起きたときのポイント

- 重大事故ほど、早期の対応・対策が必要
- 重大事故が起きた場合には、すぐに弁護士に相談しよう
- 第三者委員会の設置についても検討したい
- 裁判になれば多大な時間と労力がかかるので、裁判を回避する方法を検討しよう

31 弁護士を積極的に活用しよう

事故対応の専門家である弁護士を活用することによりリスクを回避できます。

弁護士を積極的に活用しよう

弁護士に相談すべきだったにもかかわらず、そこまでの話ではないと考えていたため弁護士に相談しなかったとか、弁護士への相談が遅れたため事故の対応を誤り、被害が拡大してしまったという話を頻繁に耳にします。弁護士への相談が必要だということが何となくわかっていても、実際に弁護士にはどのように相談したらよいのかわからない人も多いかと思います。

弁護士の活用を阻害しているのは、「弁護士に相談すると費用が高そう」など、弁護士は敷居が高いというイメージによるところが大きいのではないかと思います。

弁護士は専ら紛争の解決を行っていますので、将来紛争になるかの判断は弁護士に委ねた方が安全ですから、被害の大小はさておき、将来的にトラブルになりそう、裁判になるかもしれないと思われる事案については、とりあえず弁護士に相談するというスタンスでいた方がよいです。

弁護士の選び方について

弁護士への接点をどのように持つかは、弁護士が数多くいる東京や大阪などの都市圏ならまだしも、弁護士の数が少ない地方ではなかなか難しい問題ですが、弁護士なら誰でもよいということはありません。

弁護士にも、得意分野・不得意分野があり、介護の分野に十分な知識・経験を有しているかも大きく異なります。また、弁護士によって依頼者への接し方も大きく異なるため、弁護士との相性も弁護士を選定する重要な要素になります。

昨今では、ホームページなどで積極的に宣伝を行う弁護士も増えていますが、これらの宣伝を鵜呑みにするのではなく、複数の弁護士と直接会って話をしたり聞いたりして弁護士との相性をチェックすることが重要です。

費用はきちんと取り決めをしておこう

弁護士の選定ができたら、事前に、弁護士と業務提携をしておくなどして、相談できる体制を築いておくことをお勧めします。トラブルや事故が起きた後に、弁護士を探しているようでは満足な事故対応は到底できません。弁護士への連絡が遅れてしまったがために対応が後手に回らないようにしましょう。

弁護士費用としては、顧問契約を結んで毎月顧問料を支払うケースもありますが、顧問契約でなくても、何か相談ごとがあった場合にだけ弁護士費用を支払うよう業務提携契約を結ぶことも考えられます。いずれにしても、事前に、弁護士費用の見積を依頼して弁護士費用について取り決めをしておきましょう。弁護士費用には公的な基準はありませんので事前にきちんと確認することが必要です。

弁護士に依頼するときのポイント

- 弁護士費用は、弁護士に依頼する前に確認すること
- 弁護士費用といっても、さまざまな種類があるので、どのように弁護士費用を支払う契約なのか確認しよう
- 弁護士との相性は、弁護士を活用する重要なポイント。依頼する前に面談して相性を探ろう

見積書の提示を求めるのも有用

弁護士費用相場（参考※）	
顧問契約（月額）	法律相談（1時間）
3万円～10万円	5千円～1万円

※あくまで相場であり、顧問契約においては５千円以下、法律相談においては１時間３万円などというケースもある

32 リスクマネジメントの重要性とは

事故を起こさない、再発しないようにするには、より実効的なリスクマネジメントを検討すべきです。

「事故は起こる」ものと考える

介護の現場におけるリスクマネジメントとは、事故の発生を防止しつつ、事故が発生した場合に被害の拡大を防ぐことです。

事故が起きないように、ヒヤリ・ハット事例や過去の事故事例を分析して対応策を共有することや、また研修を実施することはもちろん必要です。

一方、介護の現場においては、利用者の行動を予測し、事故が100％起きないように対応することはほぼ不可能です。事故が発生してしまうことは、事業の性質上、やむを得ません。そのため、〝事故が発生することを前提〟に、被害を抑えるためにいかに対策を講じておくかが重要です。

介護の現場は、リスクが顕在化する可能性が極めて高い状況にありますので、事故を〝防ぐ〟ための対策を講じるだけでは不十分で、事故の〝発生〟に備えて対策を講じることも必要です。

リスクマネジメントとは

リスクマネジネントに関しては、さまざまな方法論がありますが、結局のところ、リスクマネジメントとは「予測と準備」です。

介護の現場で起こる事故には、ある程度の類型がありますので、類型ごとに事故の原因を分析するなどして、事故が起きないように対策を準備することができます。

また、事故が起きることを確実に防ぐことはできませんので、事故発生リスクを軽減する対策だけでなく、事故が発生した場合に〝被害を最小限に抑える〟べく対策を準備する必要もあります。

そして、介護の現場では、職員にどのように教育していくかも重要な課題です。施設側で指針を作成するなどして十分な対策を講じていたとしても、その指針の内容が職員に浸透していなければ意味がありません。職員への教育は極めて重要と言えます。事故を起こした職員の経験が浅いことや訓練を受けていないことは、施設側の責任を軽減する事情にはなりません。

リスクマネジメントにゴールはない

リスクマネジメントは、事故を予測し、事故の発生を防ぎつつ、事故による被害の拡大を防ぐことにありますが、介護の現場の特殊性からしますと、決められたことをやれば事故を防げるものではないことは明らかです。したがって、常に日々のヒヤリ・ハット事例から、リスクを検証し、その対策を講じることが肝要です。

リスクマネジメントのポイントは「予測と準備」

予　測

- 事故の類型ごとに事故の原因を分析して事故が発生する状況を予測しよう
- 介護の現場では、事故の発生は避けられないため、事故に発生に備えることが重要

準　備

- 事故が発生する状況を予測し、その原因を研究して事故が起こらないように対策を講じよう
- 介護施設では、常に事故が発生するおそれがあるので対策の点検作業も重要

コラム

国が民事トラブルを助けてくれる？

介護現場の事故の話題とは異なりますが、職場で事業者と職員の間で雇用トラブルが起きたときなど、国が解決に向けた支援をしてくれることについて触れておきます。

人間関係のトラブル、特に職場の雇用問題では、法令法規を知らなかったために揉めごとになるケースも少なくありません。リスクマネジメントは、事故のほかに人的トラブルを回避する考え方もあります。

厚生労働省では、民事上のトラブルが生じた場合、解決に向けた援助を行っています。各都道府県の労働局長による援助と調停委員（弁護士や学識経験者などの専門家）による調停の2種類があります。まずは各都道府県の労働局雇用均等室に相談してみるとよいでしょう。

厚生労働省の紛争解決援助の内容

男女雇用機会均等法に基づく紛争解決援助

募集、配置、昇進降格、福利厚生、雇用形態の変更、退職勧奨、解雇、契約更新など／均等法で禁止される間接差別／婚姻・妊娠・出産等を理由とする解雇／セクシャルハラスメント／妊娠中・出産後の女性労働者の健康管理

育児・介護休業法に基づく紛争解決援助

育児休業制度／介護休業制度／子の看護休暇制度／育児のための所定外労働の制限／時間外労働の制限／育児のための所定労働時間の短縮措置／介護のための短時間勤務制度等の措置／育児休業等を理由とする不利益取扱い／労働者の配置に関する配慮

パートタイム労働法に基づく紛争解決援助

昇給、退職手当および賞与の有無についての労働条件の文書交付などによる明示／差別的取り扱い／教育訓練の実施／福利厚生施設の利用の機会の配慮／通常の労働者の転換を推進するための措置／待遇の決定にあたって考慮した事項の説明

第4章

契約と法律をおさらい

介護と法律は無縁に見えますが、実は深い関係にあります。トラブルが起きてしまった場合に備えて、介護にまつわる法律や契約の重要部分についてきちんと理解しておきましょう。

33 介護と法律の深い関係

利用者への介護サービス提供は「契約」がないと始まりません。介護分野でも法律や契約の知識は必要不可欠です。

介護サービスには法律や契約の知識が必要！

介護と法律とは一見関係がないように思えるかもしれませんが、極めて深い関係にあります。

介護事業者が提供する介護サービスの内容は契約によって決まりますし、何かトラブルがあったとき、それが契約違反になるかは法律や契約によって決まります。また、ある事故が刑事上の責任に問われてしまうかは刑法などの法律によって決まります。ですので、介護事業者は、法律や契約に関する基本的な事柄についても理解しておく必要があります。

また、介護分野では、行政が介護事業者に報告を求めたり、一定の行動規範を設けたりすることがあります。これも行政は法律に基づいて行動しているのであって、行政が権限を行使するためには、「法律」という根拠が必要になりますので、行政がどのような根拠に基づいて行動しているのかを把握する必要があります。

「法律」と「契約」の違いを理解しよう

法律と契約は、どちらも契約当事者間の権利や義務を定めたものである点では同じです。異なるのは、「法律」は権利義務の一般的な最低限の定めをしたもの──つまり「基本原則」であり、「契約」はその基本原則をもとにしつつ、当事者ごとに個別に具体的な権利義務を定める、といったイメージです。

契約書に記載がない事項についても、法律に定めがあれば法律の規定に従って解釈することになりますし、内容によりますが契約で法律とは異なる規定を定めることも可能です。

知識は介護スタッフを守る武器にもなる

法律や契約は、何か怖いもの、制限ないしは拘束するものといったイメージをお持ちかもしれませんが、法律も契約も介護職員を守るためのものです。

何かトラブルが起きた場合には、法律や契約の内容に立ち返ることで、どのように対応すべきか決まります。例えば、利用者の家族から「うちのおばあちゃんを監禁した」「虐待した」とのクレームがあった場合、一時的な拘束が正当かどうかは、「法律で許容されている限度を超えているか」という観点から判断されます。

日常生活の中で法律や契約の意味が問題になることはほとんどありませんが、介護現場では、トラブルを潜在的に抱えた状況にありますので、法律や契約の意味をきちんと理解する必要があります。法律や契約が「どこまで自らを守ってくれるのか」をきちんと認識しておく必要があります。

何が適法で何が違法か分からないままトラブルに対応するのはあまりに無防備というほかありません。トラブルは最終的には法律や契約に従って解決する必要がありますので、トラブルが起きた場合の法律や契約の考え方についてはきちんと理解しておく必要があります。

法律や契約の重要性

- 介護分野は、法律や契約によって規律が守られる
- 法律や契約を理解することで、トラブルを防止することができる
- 法律や契約は、何かトラブルが起きた場合に、「解決の基準」となる

34 利用者と交わす契約書を確認しよう

利用者との契約書でポイントになるのは、サービス内容、事故発生時の責任と損賠賠償、入所一時金です。

トラブルが起きる前提で内容を確認してみよう

契約は、施設に入所する際やサービスを提供する際に結びますが、契約書の記載内容は同じように見えて、実は千差万別です。ですので、普段使っている契約書の内容に不備がないか、今一度、しっかり確認してみてください。

契約書を確認する際には、例えば第2章で挙げた事例などのトラブルが起きたとき「この契約書の記載内容で十分か」という観点から検討します。契約書が役に立つのは、利用者との関係がうまくいっているときではなく、利用者との間で何らかのトラブルが起きたときです。

契約書の内容は漫然と決められるものではありませんので、トラブルになった場合に備えて、十分な内容になっているかを確認しましょう。

契約書を確認する際のポイントは？

契約書の内容を確認する際には、全文の細部に至るまで確認するほうがよいことは言うまでもありませんが、特に注意すべき点は、次の3点です。

①サービス内容の記載に過不足はないか

②事故があった場合に、責任の所在と損害賠償について、施設側として適切に防御できる内容になっているか

③施設サービスの場合、入所一時金の返還額や返金先について、適切な定めがなされているか

なお、施設サービスの入所契約の内容については、厚生労働省が発行している「有料老人ホームの設置運営標準指導指針」などの指針が定められているので指針に従う必要があります。

契約書に記載する「入所一時金」の内容に注意

近年、利用者が死亡した場合に入所一時金をだれに返還するかトラブルになる事例が増えています。

この問題のポイントは、「入所一時金を相続人のだれに返還するか」ということです。これは相続争いの一端となり得ますので、施設側は本来、直接的に関与する問題ではありません。

しかし、複数の相続人から入所一時金の返還を請求された場合など、その処理に困るケースがあります。

このような問題に備えて、契約書の中で、利用者が死亡した場合の入所一時金の返還先を規定しておいたほうがよいでしょう。具体的には、入所契約を締結する時点で、利用者が死亡した場合には特定の者に入所一時金を返還する旨を定めておきましょう。

この場合、入所一時金の返還を受ける者は、利用者の推定相続人（相続が発生した場合に相続人になる方）が望ましいでしょう。

契約書を確認しよう

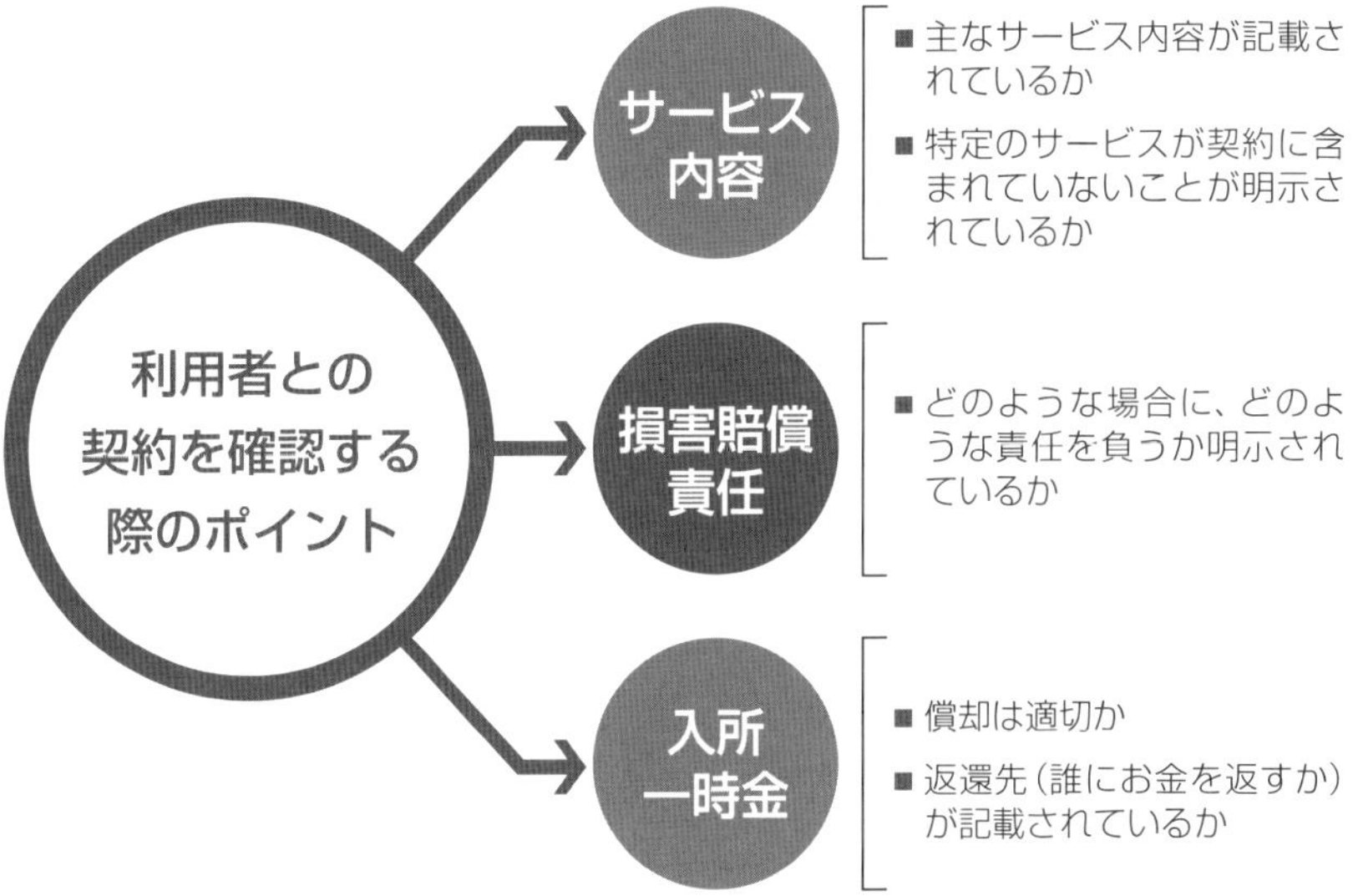
利用者との契約を確認する際のポイント
サービス内容
■主なサービス内容が記載されているか
■特定のサービスが契約に含まれていないことが明示されているか
損害賠償責任
■どのような場合に、どのような責任を負うか明示されているか
入所一時金
■償却は適切か
■返還先（誰にお金を返すか）が記載されているか

利用者または家族（署名代行者）に記入・押印をしてもらう

〔契約書署名欄〕

以上のとおり契約したので、本書2通を作成し、甲乙各１通ずつ保有することとします。

（甲）私は、この契約書に基づく○○○○介護サービスの利用を申し込みます。

サービス利用者

住　所

お名前　　　　　　　　　　　　印

電　話　　　　　　ＦＡＸ

署名代行者

私は、本人に代わり、上記署名を行いました。私は、本人の契約意思を確認しました。

住　所

お名前　　　　　　　　　　　　印

電　話　　　　　　ＦＡＸ

職　業　　　　　　本人との関係

署名代行の理由

（乙）私は、居宅サービス事業者として、甲の申込みを受諾し、この契約書に定める各種サービスを、誠実に責任をもって行います。

サービス事業者

住　所

法人名

代表者　　　　　　　　　　　　印

電　話　　　　　　ＦＡＸ

○○○県知事指定第　　　　　号

事業者も記入・押印する

（丙）私は、居宅介護サービス計画（ケアプラン）作成者として、この契約の内容が居宅介護サービス計画に従った内容であることを確認しました。

年　月　日

介護支援専門員（ケアマネジャー）

所属事業者名

所在地

氏　名　　　　　　　　　　　　印

ケアマネジャーにもサイン・押印してもらう

介護サービス契約書の例

○○○○○○サービス契約書（居宅介護サービス共通契約書）

甲（利用者）＿＿＿＿＿＿＿＿
乙（事業者）＿＿＿＿＿＿＿＿

（居宅サービス契約の目的）

第１条　乙は、介護保険法等関係法令及びこの契約書に従い、甲に対し、甲が可能な限り居宅においてその有する能力に応じ、自立した日常生活を営むことができるよう、このサービスを提供します。

２　乙は、サービス提供にあたっては、甲の意向を十分に尊重するとともに、甲の立場に立って公正かつ適切な方法によって行い、甲の心身の状況、その置かれている環境の把握に努め、甲の要介護状態区分、本契約書末尾にその写しが添付されている、甲の被保険者証に記載された認定審査会意見及び居宅サービス計画（ケアプラン）に沿って、介護計画を作成し、これに従って、甲に対しサービスを提供します。

（契約期間）

第２条　この契約の期間は、

平成　　年　　月　　日から平成　　年　　月　　日まで　　とします。

ただし、契約期間満了日以前に甲が要介護状態区分の変更の認定を受け、要介護認定有効期間の満了日が更新された場合には、変更後の要介護認定有効期間満了日までとします。

２　・・・・・・・・・・・・・・・・・・・・・・・・・・・・・・・・・・・・・・

（居宅サービス計画変更の援助）
（サービス内容の変更）
（介護保険の適用を受けないサービスの説明）
（甲の解約権）
（甲の解除権）
（乙の解除権）
（利用料の滞納）
（契約の終了）
（損害賠償）
（秘密保持）
（苦情処理）
（サービス内容等の記録作成・保存）
（契約外条項）

目的や契約期間のほかに、さまざまな条項を盛り込む

35

重要事項説明書をしっかり説明する

契約書の中の特に重要なポイントを重要事項説明書としてまとめます。

重要事項説明書の内容も確認しよう

契約を結ぶ際には、利用者に対して、サービス内容などをしっかり説明する必要があります。事前に契約内容を説明することによりトラブル防止に繋がりますし、トラブルになった場合にも事前に説明して了解しているということは施設側の責任を軽減する事情になり得ます。

サービス利用の契約の内容を説明する際には、契約書とは別に、契約の中で特に重要な部分をピックアップした「重要事項説明書」を用意し、丁寧に説明する必要があります。

重要事項説明書のポイントは3点

重要事項説明書は、契約の重要部分を詳細に説明する書面ですから、トラブルになりやすい3点――①提供するサービス内容、②事故が発生した場合の責任の所在と損害賠償、③入所一時金の返還額や返還先については特に丁寧に説明する必要があります。

重要事項説明書とは、契約書の内容をわかりやすく説明するものです。契約書の内容をそのまま記載しては意味がなく、利用者に理解してもらいにくい点を丁寧に記載するようにします。

重要事項はしっかり理解してもらう

重要事項は書面を用意するだけでなく、利用者や家族に説明し、理解してもらうことが重要です。

その際、重要事項説明書内に「説明内容を理解した」旨の文言を入れて、それに対して利用者あるいは家族に署名をしてもらう方法があります。この方法は有用ですが、こうした文言を入れる場合でも実際に説明しないといけません。

重要事項説明書にサインをもらう

重要事項説明書
（通所介護・介護予防通所介護サービス）

あなたに対する通所介護サービスの提供開始にあたり、平成１１年３月３１日厚生省令第３７号（指定居宅サービス等の事業の人員、設備及び運営に関する基準）第１０５条、第８条に基づいて、当事業者があなたに説明すべき重要事項は次のとおりです。

１．事業者概要

事業者名称	○○○
主たる事務所の所在地	○○○
法人種別	○○○
代表者名	○○○
設立年月日	
電話番号	○○○－○○○－○○○○
ファクシミリ番号	
ホームページアドレス	○○○

２．ご利用事業所

ご利用事業所の名称	○○事業所
事業所の種類・指定番号	○○○県・・・号
所在地	○○市・・・
電話番号	○○○－○○○－○○○○
ファクシミリ番号	
開設年月日	
管理者の氏名	
サービス提供地域	
実施しているその他の事業	

３．ご利用事業所の設備概要

建物の構造	
延べ床面積	
利用定員	
設備	

４．事業の目的と運営方針

事業の目的	○○○
運営の方針	○○○

５．ご利用事業所の職員体制

ご利用事業所の従業者の職種	員数	勤務の体制
生活相談員	○人以上	常勤○名以上、非常勤○名以上 昼勤（午前○時～午後○時）○名以上 夜勤（午前○時～午後○時）○名以上
看護師 （内准看護師）	○人以上	常勤○名以上、非常勤○名以上 昼勤（午前○時～午後○時）○名以上 夜勤（午前○時～午後○時）○名以上
介護職員	○人以上	常勤○名以上、非常勤○名以上 昼勤（午前○時～午後○時）○名以上 夜勤（午前○時～午後○時）○名以上
機能訓練指導員	○人以上	常勤○名以上、非常勤○名以上 昼勤（午前○時～午後○時）○名以上 夜勤（午前○時～午後○時）○名以上

６．営業時間

営業日	○○○
営業時間	○○○

７．提供するサービス内容

（１）○○○

（２）○○○

（３）○○○

８．利用料

（１）介護保険の適用を受けるサービス（利用料１割が自己負担）

①通所介護サービス

②介護予防通所介護サービス

月額制ですが、以下の場合は日割計算を行います。

ア・・・

９．苦情申立窓口

ご利用者ご相談窓口	ご利用時間	平日　午前○時～午後○時 土日　午前○時～午後○時
	ご利用方法	電話　○○○－○○○－○○○○ 面接　場所○○
○○市○○○○	ご利用時間	平日　午前○時～午後○時 土日　午前○時～午後○時
	ご利用方法	電話　○○○－○○○－○○○○ 面接　場所○○
国民健康保険団体連合会○○○	ご利用時間	平日　午前○時～午後○時 土日　午前○時～午後○時
	ご利用方法	電話　○○○－○○○－○○○○ 面接　場所○○

１０．緊急時の対応方法

利用者の主治医又は事業者の協力医療機関への連絡を行い、医師の指示に従います。
また、緊急連絡先に連絡いたします。

利用者の主治医	氏名	○○○○
	所属医療機関の名称	○○○○
	所在地	○○○○
	電話番号	○○○－○○○－○○○○
協力医療機関	医療機関の名称	○○○○
	院長名	○○○○
	所在地	○○○○

１１．損害賠償保険への加入

当事業所は、以下の損害賠償保険に加入しています。

加入保険会社名

保険の内容

年　月　日

（乙）当事業者は、甲１に対する居宅介護サービスの提供開始に当たり、
□甲１　に
□甲２
対してサービス内容説明書及び重要事項説明書に基づいて、サービス内容及び重要事項を説明しました。

（乙）居宅サービス事業者
主たる事務所所在地
名　称　　　　印
説明者　所属
　　　　氏名　　　　印

（甲）私は、サービス内容説明書及び重要事項説明書に基づいて、乙からサービス内容及び重要事項の説明を受けました。
（甲１）利用者　　住所
　　　　　　　　　氏名　　　　印
（甲２）利用者の家族　住所
　　　　　　　　　氏名　　　　印

利用者または家族に、重要事項の説明を受けたことについて、サイン・押印をもらう

（甲）私は、サービス内容説明書及び重要事項説明書に基づいて、乙からサービス内容及び重要事項の説明を受けました。

（甲１）利用者　　住所
　　　　　　　　　氏名　　　　　印
（甲２）利用者の家族　住所
　　　　　　　　　氏名　　　　　印

ただし、内容を説明せずにサインだけもらうことがないようにすること！

36 介護の理念と人権尊重の考え方とは？

介護の現場では、常に利用者の人権を優先しなければならないのかを再考してみましょう。

介護の現場での倫理観について考えてみる

介護事業者や職員には「利用者の人権を尊重しなければならない」という高度の倫理観が求められています。法律や契約で定められた本来の義務を超えた義務が課されているのが実情であり、高い倫理観に基づいて利用者の人権を尊重することが求められています。このような、本来の義務を超えた義務が法律などで課せられている状況は、他の分野ではあまり見られないことです。

この高い倫理観は、「高齢者を敬うべき」という考え方や、「介護を受ける高齢者は弱者であり大切にしなければならない」という考え方が合わさって形成されています。この倫理観自体は介護の理念に沿ったものと言えますが、介護現場では、介護職員よりも何よりも、この介護の理念が優先される傾向にあります。

介護の理念は絶対か？

もちろん高い倫理観が正しいことはいうまでもありません。この倫理観を強く打ち出すことの背景には、ともすると高齢者に対する虐待や、いきすぎた身体拘束など高齢者の人権侵害に至ることも多いという事実があります。このため、利用者の人権を尊重するという姿勢は必要です。

ですが、現実の介護現場を見てみると、介護職員にだけ高度な倫理観を過度に課すのは、かえって現場を混乱に陥れている印象を受けます。

人権尊重の考え方は、報道などで高齢者虐待や身体拘束などが取り上げられる場合に顕著に表れますが、一方でそもそも身体拘束に至った事情は一切取り上げられず、身体拘束をした施設側は悪者であるというレッテルを貼られることも往々にしてあります。信頼を失った介護事業者はたちまち経営危機に陥ることになってしまいます。

人権尊重にも限界がある

このように介護事業者は、人的にも物的にも資源が足りない状況下で、高度な倫理観をもって利用者に接しなければならないという極めて過酷な状況を強いられています。

しかし、法律的に「利用者の要求は何でも受け入れなければならない」ということはありません。人権は尊重されるべきですが、限界がないわけではなく、行き過ぎた要求には必ずしも応じる必要もなく、認知症の利用者が危害を加えてきたりした場合には、正当防衛の範囲内であれば適切に応対することは可能です（正当防衛の限界の問題もありますが）。

介護事業者は、法律や契約上、何をどこまでできるのか、限界はどこにあるのか、きちんと把握した上でトラブルに対処する必要があります。

例えば「身体拘束」を考えるとき振り返ってみよう

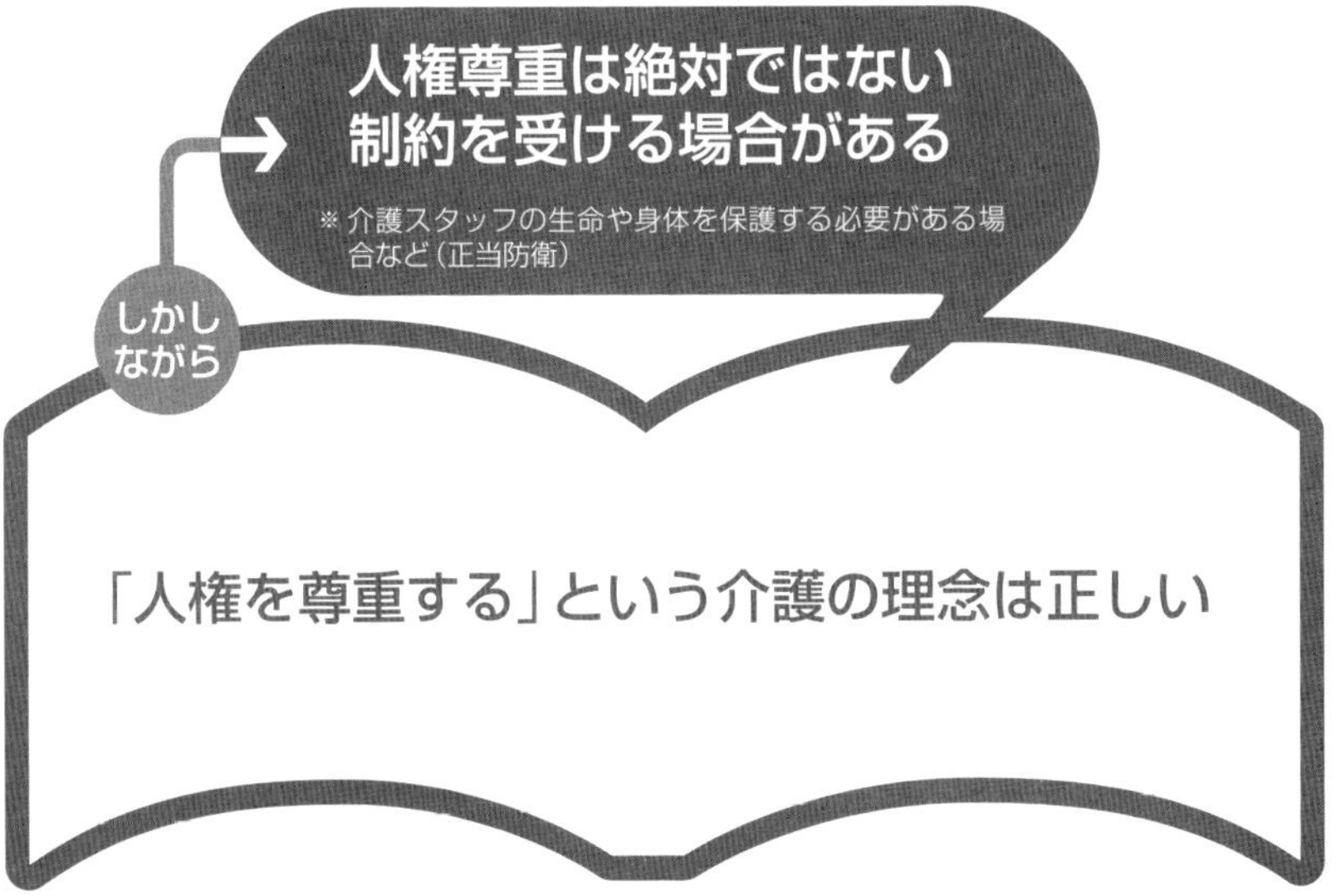
人権尊重は絶対ではない
制約を受ける場合がある
※ 介護スタッフの生命や身体を保護する必要がある場合など（正当防衛）
しかしながら
「人権を尊重する」という介護の理念は正しい

37 権利と義務の違いって？

介護サービス提供のベースは「契約」にあります。契約によって発生する、権利と義務の違いを理解しましょう。

権利とは？　義務ってなに？

「権利と義務」というと難しい法律用語のような印象を受けるかもしれません。しかし単純に、何を要求できるかということを「権利」と言い、何をしなければならないかということを「義務」と言うだけです。そして、契約当事者間での権利と義務は表裏の関係にあります。

介護分野では、介護事業者と利用者は「契約」を結ぶことによって、利用者はサービスを受ける「権利」を得て、介護事業者は利用者に対してサービスを提供する「義務」を負います。他方で、利用者は介護事業者に対して利用料を支払う「義務」を負い、介護事業者は利用料を受け取る「権利」を有します。

このように、契約を結ぶことによって、双方が権利を有し、義務を負うという関係に立ちます。

権利や義務の内容は契約によって決まる

このような権利義務は、当然に存在しているわけではなく、契約を結ぶことによって発生します。そして、具体的な権利義務の内容は、合意した内容によって定まります。

介護事業者は、契約で定めたサービスを利用者に対して提供する必要があります。逆に言えば、契約で定めたサービスを利用者に対して提供しなければ、義務を果たさないということで、契約違反になってしまいます。

権利があれば何でもできるわけではない

一方で、利用者が権利を有するといっても、介護事業者に対して何でも要求できるということではありません。介護事業者は契約で定めたサービスを超えて何でもしなければならないわけではありませんし、サービス契約の範囲内であっても、社会通念上許容される限度を超えた過度な要求は、権利の濫用になり、応じる必要がない場合もあります。例えば、訪問介護において契約にはない犬の散歩などはサービス契約の範囲外と言えます。この点は次項でもう少し詳しく見てみます。

権利があれば何でも要求できると誤解している利用者や家族もいますが、当然そのようなことを法律や契約が認めているわけはなく、正当な権利行使でなければ認められません。

そのため、利用者が過度な要求をしてきた場合には、利用者に過度な要求であるから要求には応じられない旨を丁寧に説明することは当然として、説明しても要求が収まらないときには、拒否することも可能です。

権利と義務の関係は

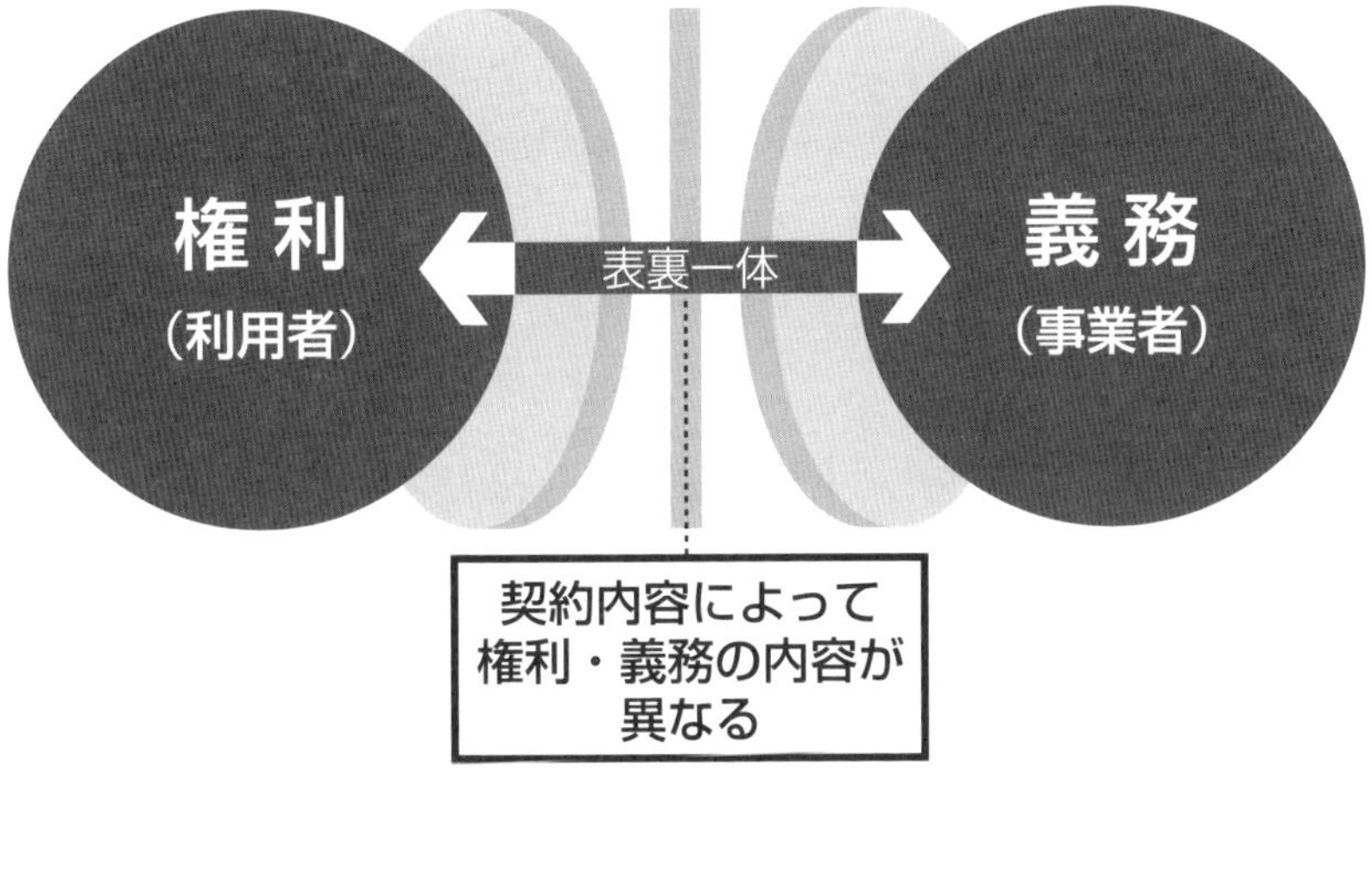

38 〝契約外の業務〟の取り扱いに注意したい

利用者や家族はあれもこれもとサービスを期待しますが、利用者に提供するサービスが契約に含まれているのかどうか、しっかり確認が必要です。

契約上では何をしなければならないのか

介護の現場では、サービス利用契約には含まれていない作業、例えば、契約には含まれていない家事を頼まれたり、犬の散歩をやってほしいと頼まれたり、庭の草むしりをやってほしいと頼まれることがあります。

このような契約外の業務について、簡単には断りにくく、どのように対応するかは介護現場では難しい課題です。

この問題を考えるにあたっては、まずは契約書の記載内容を確認しましょう。介護事業者と利用者は、サービスの提供に関して、契約書に記載された内容に関して義務者と権利者の関係に立ちますので、契約で決められたサービスを提供すれば契約には違反しませんし、契約では行う必要がない業務を行わなかったからといって契約違反にはなりません。

ただし、注意しなければならないのは、契約書に記載されていないことは一切やらなくてよいというわけではないということです。

契約書に記載されたサービスに付随する作業や、サービスを提供するために必要不可欠な作業は、当然のことながら契約内の業務になります。このようなサービス利用契約に付随する義務については、サービス利用契約に含まれています。

契約外の業務については、改めて「契約外であること」を確認した上で、利用者との信頼関係を維持するために「どこまでやるか」という施設側の姿勢の問題と言えます。

契約外の業務が「義務」になることもある？

利用者から要望され、介護職員が親切心から契約外の業務を行った場合、しかし、その業務でトラブルが起きたときには、「契約外の業務だし、義務を負わなくていい」「（仮に施設側に過失があっても）施設側が責任を負わなくていい」ことにはなりません。

たとえ契約外の業務であっても、利用者からの要望に応じて行った以上は、責任をもって作業する責任があります。そして、発生したトラブルに、職員側に過失がある場合には、施設側が責任を負うことになる可能性があります。そのため、契約外の業務を安請け合いすることは避けたいものです。

正しく拒否する方法を組織として検討する

利用者からの要求が過度なものになる前に線引きをして、契約外の業務を拒否することが必要です。頭ごなしの拒否は利用者との関係が悪化するおそれがあるため、線引きは個々の職員に任せるのではなく、また利用者ごとでもなく、施設全体として一律に考え、その手順や方法についても施設側で対応を検討しておく必要があります。

サービス内容が契約に含まれるか

契約上の業務
（契約書に記載された業務）
付随的な業務
（契約上の業務に付随的な業務で契約上の業務を行う上で必要なもの。安全配慮義務など）
利用者や家族から頼まれても拒否できる
契約外の業務（契約上の業務とは関係がないもの。犬の散歩など）

39

民事責任と刑事責任の違いって？

介護事故が裁判になってしまった場合、民事と刑事では、扱いも世の中の関心も全く異なってきます。

民事は「トラブル」、刑事は「犯罪」

ニュースや新聞などでは、連日、様々な裁判にまつわる報道がなされています。しかし、その報道の内容が、民事事件なのか刑事事件なのかはあまり意識されていません。

民事事件はお金を払えとか建物から出て行けなどのお金や物に関するトラブルを扱うのに対し、刑事事件は殺人をした人を処罰する場合など犯罪の成否を扱います。

言い換えますと、「民事」はお金の貸し借りなど、私人間のもめ事について権利があるか判断するものであるのに対して、「刑事」は警察などの捜査機関が犯人を捜査し、裁判所が有罪か無罪かを判断するものです。このように民事と刑事は、その事件の性質や責任内容が異なるものです。

介護現場では民事責任と刑事責任の双方が問題になることも！

介護事業との関係で言えば、民事責任としては、損害賠償が問題になり、刑事責任としては、業務上過失致死傷罪、窃盗罪、監禁罪などが問題になります。

1つの事件で民事と刑事の双方が問題になることもあります。例えば、介護職員の不注意で利用者が死亡してしまったという事故が起きた場合、利用者の遺族が施設に対して損害を賠償せよと請求してくることもありますし（これは民事責任の問題）、職員の不注意を理由に、業務上過失致死罪で逮捕されて有罪になってしまう（これは刑事責任の問題）こともあり得ます。

このように、介護サービスを提供していてトラブルが起きてしまったときには、民事と刑事のどちらが問題になっているのかを区別して、対策を考える必要があります。

民事と刑事は取扱いが大きく異なる

民事の場合は、利用者やその家族が施設に無断で施設に立ち入って調査をすることはできません。一方、刑事責任が疑われる場合には、主に警察が捜査をすることになりますので、警察は施設の同意を得ることなく強制的に施設を捜索することがあります。このように、民事と刑事では取り扱いが大きく異なりますので、施設側が講じるべき対応も異なってきます。

民事と刑事は異なる手続ですが、民事で話し合い（いわゆる和解）によって解決したことによって、刑事でも、被害感情が軽減されたことなどを理由に責任が軽くなることがありますので、事故後の対応にあたっては民事と刑事で包括的に対策を講じる必要があります。

「民事」と「刑事」の違い

刑事事件（裁判）	民事事件（裁判）
殺人・窃盗・脱税など、違反すると刑罰が科される行為を行った者の取り扱いを決める	金の貸し借り、雇用トラブルなど、個人対個人（法人も含む）の争いを対等の立場で解決する

施設で重大事故が発生した場合は、「民事」と「刑事」は重なる

刑事事件

介護事業者や職員が、
「業務上過失死罪」で
処罰される可能性アリ

民事事件

介護事業者や職員に対して
「損害賠償請求」が
なされる可能性がある

40 行政上の責任とは？

介護事業者は、民事と刑事とも違う「行政上の責任」についても留意する必要があります。

介護事業者は行政法規に従う必要がある

介護事業者は、民事上や刑事上の責任のほかに、「行政上の責任」を負っています。介護保険法や老人福祉法などの法律は、一般的に「行政法規」と言い、介護事業者は行政法規に従う必要があります。

行政法規は、行政の権限を定めています。そして行政は、法律で与えられた権限に基づいてルールを設けています（指導指針などの名称が付けられます）。

また行政は、本来は事業者と利用者に任せるべき契約内容についても多くの取り決めを設けています。事業者は、施設の運営にあたって、利用者との契約さえ守れば十分というわけではありません。行政法規や行政が定めたルールに従う必要があるほか、行政からの指導にも従う必要があるのです。

「行政上の責任」は許可の取り消し処分などのこと

施設内で利用者の死亡事故が起きた場合を例にとってみます。このとき、利用者の家族から損害賠償を請求されたら「民事上の責任」、業務上過失致死罪などで処罰されたら「刑事上の責任」です。

このとき、死亡事故を理由に施設内の立入検査を受けたり許可の取消処分を受けたりすることがあります。これが「行政上の責任」です。

通達や行政指導にも従わねばならない

行政上の責任は、法律や条例に限ったものではありません。ほかにも、行政が出す通達（法律の解釈や運用についての指針）や行政指導を守る必要があります。

このうち行政指導は、行政による、ある種の命令ですが、行政指導は、法律とは異なり介護事業者を拘束するものではなく、法律上は行政指導に従う義務もないのですが、実際には行政指導に従わないと、事実上の不利益を受けるおそれがあります。

行政処分のレベルによる区分け

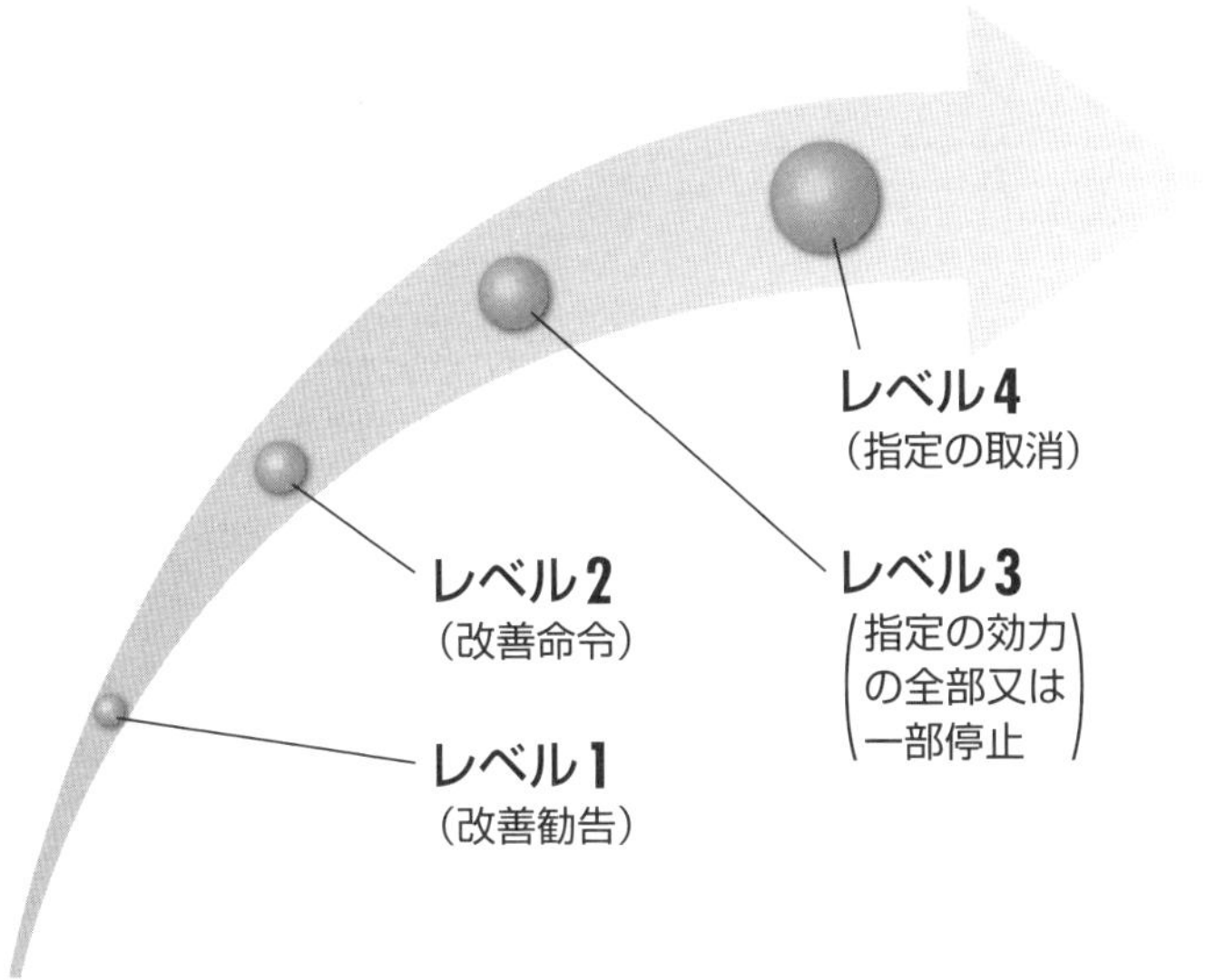

各レベルの内容

<table>
<tr><td>レベル1
改善勧告</td><td>介護サービス事業者等に対し、期限を定めて基準等を遵守すべきことを勧告することができる（改善事項の報告徴収）</td></tr>
<tr><td>レベル2
改善命令</td><td>改善勧告によっても正当な理由なく、勧告に係る措置をとらなかったときは、期限を定めてその勧告に係る措置をとるべきことを命じることができる。また、改善命令をした場合は、公示しなければならない</td></tr>
<tr><td>レベル3
指定の効力の全部又は一部停止</td><td><table>
<tr><th>サービス種類</th><th>全部又は一部停止の内容（例）</th></tr>
<tr><td>全サービス共通</td><td>新規利用者・入所者へのサービス提供に対する指定の効力の停止</td></tr>
<tr><td>通所・
訪問サービス系</td><td>代替サービスを確保した上での一定期間に限った指定の効力の停止（全部停止）</td></tr>
<tr><td>居宅介護支援系</td><td>不適切なケアプランを作成しているケアマネジャーのみに対する指定の効力の停止</td></tr>
</table></td></tr>
<tr><td>レベル4
指定の取消</td><td>改善勧告・改善命令や指定の効力の停止の措置を行っても是正されない場合で、介護保険給付上、引き続き指定を行うことが制度上看過出来ない場合に行う

※不正な手段により指定を受けたときや悪質な不正請求等の場合は、改善勧告、改善命令を経ずに、指定の効力の停止や指定取消処分を行うことも可</td></tr>
</table>

出典：厚生労働省老健局総務課介護保険指導室「介護保険施設等実地指導マニュアル」より抜粋

41 高齢者虐待防止法と身体拘束の関係は？

2章でも虐待と身体拘束の関係について触れていますが、もう少し踏み込んで理解しておきましょう。

高齢者虐待防止法に示された虐待は5種類

高齢者虐待防止法は、正式名称を「高齢者虐待の防止、高齢者の養護者に対する支援等に関する法律」と言います。高齢者の権利利益を擁護することを目的に、平成18年4月から施行されています。

この高齢者虐待防止法では、介護サービス従業者による虐待の類型として、①身体的虐待、②介護の放棄・ネグレクト、③心理的虐待、④性的虐待、⑤経済的虐待の5つを示しています。

身体拘束と高齢者虐待の関係を理解しよう

介護施設において、高齢者虐待と疑われる危険性があるのが身体拘束です。身体拘束が認められるのは、利用者や他の利用者の生命・身体を保護するため、〝緊急やむを得ない場合〟に限られています（介護保険指定基準）。そして、緊急やむを得ない場合とは、「切迫性・非代替性（替わりの方法がない）・一時性」のすべての要件を満たす場合とされています。つまり、極めて限定的な場合に限って身体拘束が認められています。このとき、人員不足など介護施設側の事情による安易な身体拘束は認められないと考えられています。

また、身体拘束を行うにあたっては、①職員個人ではなく、施設全体として判断が行われるように事前にルールや手続きを定めておいて、②利用者や家族に対して事前説明を行い（手続きや説明者も事前に定めておく）、実際に拘束を行う際にも必ず個別に説明を行い、③身体拘束の態様、時間、理由などを「身体拘束に関する説明書・経過観察記録」などの記録に残しておくことなどは最低限必要です。

悪質な虐待や身体拘束は、内部告発から明るみに出ることがあります。介護事業者や職員には、法律や利用者との契約などで守秘義務が課せられていますが、高齢者虐待の事実を通報することは法律上の義務ですので、通報が虚偽であるなどの事情がない限り、通報を行うことをもって守秘義務には反しません。

身体拘束が許容される要件

①切迫性
利用者本人や他の利用者等の生命・身体が危険となる可能性が高い場合

②非代替性
身体拘束その他の行動制限を行う以外に代替する介護方法がないこと

③一時性
身体拘束その他の行動制限が一時的なものであること

虐待の種類と虐待例（高齢者虐待防止法第2条第5項）

身体的虐待	暴行を加えて、身体に傷を負わせる、または傷を負わせるおそれのある暴行を加えること。 例）殴る、蹴る、部屋に閉じ込める、入れる、ベッドに縛りつけて身体を拘束するなど
介護の放棄・放任（ネグレクト）	高齢者を衰弱させるような著しい減食または長時間の放置その他の高齢者を養護すべき職務上の義務を著しく怠ること 例）長期にわたり入浴させない、十分な水や食事を与えない、清潔な衣服を与えない、部屋を清掃しない、本人が必要とする介護サービスを受けさせないなど
心理的虐待	言葉による脅しや否定的な態度で高齢者の心を傷つける行為をすること 例）怒鳴る、ののしる、子どものように扱う、意図的に無視する、排泄の失敗などを他人の前で話題にして恥をかかせるなど
性的虐待	高齢者にわいせつな行為をすること、またはわいせつな行為をさせること 例）本人の同意をないのにキス、性器への接触、性交渉を強要するなど
経済的虐待	高齢者の金銭の使用を制限したり、本人の了解を得ないで金銭を使用したりすること 例）年金や現金の無断使用、資産（家や土地など）の無断売却など

42 個人情報保護法をきちんと知っておこう

個人情報保護法とガイドラインの内容についても、押さえておきましょう。

個人情報保護法とはどのような法律？

個人情報保護法とは、望まない形での個人情報の一方的な流出を止めることを目的とした法律で、平成17年4月1日から全面的に施行されています。この法律で定める「個人情報」とは、氏名、生年月日、住所など、〝生存〟している個人を特定できる情報を言います。

だれが個人情報を保護する義務を負うのか？

個人情報保護法は、だれもが個人情報を保護しなければならないとしているのではなく、「個人情報取扱事業者」に該当する場合にのみ個人情報を保護しなければならないとしています。「個人情報取扱事業者」とは、個人情報データベース等を構成する個人情報によって特定される個人の数の合計が、過去6か月以内のいずれかの時点において5000を超える事業者を指します。

ガイドラインを守ろう

介護関係事業者については、厚生労働省が「医療・介護関係事業者における個人情報の適切な取扱いのためのガイドライン」を公表しています（インターネット上で参照可）。

このガイドラインでは、「個人情報取扱事業者」に該当しない介護関係事業者についても、ガイドラインに従うように努力義務を課していますので、介護関係事業者であれば、「個人情報取扱事業者」に該当しなくても規模を問わず誰もが、ガイドラインを確認し、遵守することが求められています。

個人情報の管理の方法を確認しよう

介護関係事業者は、取得した個人情報を適切に管理する必要があり、職員を監督したり、個人情報の取扱いに関する規程を設けたり、物理的な安全管理措置を行うなど、さまざまな対策を講じる必要があります。また、利用者との契約書に、個人情報の取り扱いについて記載する必要があります。

個人情報が漏えいしてしまった場合に備えよう

介護関係事業者として個人情報が漏えいしないようにきちんと管理することが重要ですが、仮に漏えいしてしまった場合にも、きちんと対応する必要があります。個人情報が漏えいしてしまった事実調査や原因の究明はもちろんのこと、二次被害防止の観点から本人への連絡や事実関係や再発防止策等の公表も行う必要があります。

介護事業者が守るべき法令

個人情報の保護に関する法律（個人情報保護法）

平成15年5月30日　公布

平成17年4月1日　全面施行

医療・介護関係事業者における個人情報の適正な取扱いのためのガイドライン

平成16年12月　厚生労働省通達

個人情報の管理のポイント

■利用目的の特定をしていますか？

■開示の求めがあった場合の手続きは決まっていますか？

■個人情報の漏えいが生じた場合、連絡体制は決まっていますか？

■職員への教育、研修をしていますか？

■契約書に個人情報の取扱いについて記載されていますか？

43 生活保護法についても知っておきたい

生活保護受給者と介護の関係について理解しておきましょう。

生活保護とはどのような制度なのか

生活保護法は、さまざまな事情により生活に困窮する人に対して、健康で文化的な最低限度の生活を保障している法律です。

だれでも希望すれば生活保護を受けられるわけではなく、生活に困窮する人が、資産や能力をすべて活用しても、最低限度の生活を下回る場合に限られます（これを補充性の原理と言います）。このため、利用されていない土地や建物があったり、働く能力があったりする場合は、生活保護は受けられません。

また、高齢者自身に資産や能力がなくても、高齢者を介護する家族がおり、その家族に十分な資産がある場合などでは、その家族がまずは高齢者を扶養（介護）することが求められるので生活保護を受給することはできないことがあります。

介護事業者と生活保護の関係は？

生活保護受給者は、その保護の1つである「介護扶助」を受けることできるので、生活保護受給者にとって必要な介護が受けられます。この場合、生活保護受給者には、現金ではなく、事業者からの介護サービスが提供されます。サービスを提供した事業者に対しては、生活保護受給者を介することなく、行政から直接費用が支払われます。

生活保護を不正受給した場合はどうなる？

生活保護は一定の条件を満たしている場合に受けられるものです。虚偽の申告など不正の手段により保護を受けた場合には、保護のために支出した費用の全部あるいは一部の返還を求められ、悪質である場合には、刑法に基づき処罰を受けることがあります。

生活保護法によって介護機関が指定される

生活保護受給者に対して介護サービスを提供するには、事前に生活保護法指定介護機関として指定を受ける必要があります。

生活保護法改正により、平成26年7月1日以降に「介護保険法による指定もしくは開設許可を受けた介護事業者」は、生活保護法による指定を受けたものとみなされます。生活保護法による指定が不要な場合、生活保護法による指定の辞退の申し出を行ってください。

生活保護法の指定を受けた事業所は、法人の名称や所在地が変わった場合、届けを出す必要があります。また、有料老人ホームなど一部の介護事業所においては、料金に変更があった際も、届け出が必要です。

なお、平成26年7月以降に生活保護法によるみなし指定を受けた事業者についても、変更届けの提出は必要ですので注意しましょう。法人名称等の変更があったにも関わらず、変更届けが提出されないまま介護サービスを提供した場合、介護報酬の請求ができない場合があります。

生活保護受給者が受けることのできる「介護扶助」

【被保護者に係る食費及び居住費（滞在費）の負担について】

サービス種類			費用の請求方法	
	食費・居住費等の区分		被保険者	被保険者でない者
施設サービス	食　費		・特定入所者介護サービス費は保険給付（国保連に請求） ・利用者負担分が介護扶助	基準費用額の範囲で全額が介護扶助（国保連に請求）
施設サービス	居住費	多床室	・特定入所者介護サービス費は保険給付（国保連に請求） ・利用者負担分が介護扶助	基準費用額の範囲で全額が介護扶助（国保連に請求）
施設サービス	居住費	従来型個室	・特定入所者介護サービス費は保険給付（国保連に請求） ・利用者負担分が介護扶助（福祉事務所に請求）	基準費用額の範囲で全額が介護扶助（福祉事務所に請求）
施設サービス	居住費	ユニット型準個室		
施設サービス	居住費	ユニット型個室		
短期入所	食　費		・特定入所者介護サービス費は保険給付（国保連に請求） ・利用者負担は本人に請求	・特定入所者介護サービス費相当分は介護扶助（福祉事務所に請求） ・利用者負担は本人に請求
短期入所	滞在費	多床室		
短期入所	滞在費	従来型個室		
短期入所	滞在費	ユニット型準個室		
短期入所	滞在費	ユニット型個室		

（注１）　表の中で特に記載のない「介護扶助」は、連合会払いの介護扶助です。

出典：東京都福祉保健局生活福祉部「指定介護機関のしおり」より抜粋

コラム

介護業界に必要な対策とは

現在、介護職員不足が大きな問題になっています。今後、ますます職員と利用者どちらも簡単に確保できなくなってきました。

まずは職員確保と離職率減少の対策が急務

今後、介護職員の確保が困難な時代となります。職員不足が続けば経営にも影響を及ぼします。実際、職員募集がうまくいかず開所できない事業所もあります。

今後はせっかく確保した職員を、離職させせない対応方法をしっかり構築していかなければなりません。離職を減少させるためには、事業者や上司による「声をかける」「目をかける」「手をかける」「愛情をかける」の「4かけ」行動が大切です。（公財）介護労働安定センターによると、法人理念や職場の人間関係が原因で離職する職員が約45％います。しかし、中には離職率が低い事業所も存在します。大きな違いは事業者や上司の対応です。別の言葉で言えば「コミュニケーション力」が重要です。

当然利用者確保の対策も！

現在、新規に年間約1万8500事業所が開設する状況です。利用者も家族も、どのデイサービスが良くて、どの施設が自分に合っているのかわかりません。行ってみて初めて「楽しい／つまらない」「合う／合わない」がわかります。今後、サービスや事業所を選ぶ利用者が増えていきますので、事業者は選ばれるサービスを提供しなければなりません。

介護業界は過当競争の時代に入りました。価格競争ができない以上、サービス内容の新しい価値観を構築し、しっかりと対策を立てることが求められます。

第5章

利用者や家族からのよくある相談

利用者にとって、介護職員は身近で困ったことを相談しやすい存在です。しかし、安易に相談に乗ってしまうと、思いがけないトラブルを招いてしまったり、利用者に損害を与えてしまったりする可能性もあります。この章では、利用者やその家族に相談される可能性がある法的問題の基本的な考え方を解説していきます。

44 安易に相談にのってトラブルに巻き込まれないように

介護職員には、利用者からさまざまな相談が寄せられます。しかし、適度な距離感をもっての対応が望ましいです。

利用者からの相談への対処方法

利用者の日常に深くかかわることになる介護職員は、利用者やその家族の家族関係や交友関係など、利用者のプライベートについても知る機会があり、利用者との信頼関係が築かれる中で、さまざまな相談を受けることが多くあります。

このような相談に真摯に対応することは利用者やその家族との信頼関係を構築する上で必要なことですから、利用者からの相談に対して容易に解決ないし回答できるものであれば対応した方がよいと言えます。利用者からの相談ごとに、一切拒否することは適当ではない場合も多いですが、利用者のプライベートに過度に深くかかわりすぎるのは避けるべきです。

相談には適度な距離感をもって対応しよう

深刻な相談は、相談に受けているうちに、相談者に近い立場になってしまいトラブルに巻き込まれる恐れがあります。また、親身になって相談を受けているうちに利用者の依存度が高くなってきてしまい、相談に対応することが過度な負担になってしまうことも多く見られます。

トラブルを解決するためには労力を要するものですので、安易に相談にのってトラブルに巻き込まれないように注意しましょう。

トラブルを未然に防ぐ体制を

介護職員が利用者から深刻な相談を受けた場合には、安易に回答せずに、まずは職場の責任者に相談する体制を作ります。特に介護職員にとって利用者からの相談が過度な負担になっているときは、施設として対応策を協議すべきです。

専門的な相談の場合は、弁護士等の専門家につなぐのが最適と言えます。税金のことであれば税理士に、法律のことであれば弁護士にと、各分野の専門家に任せるのがよいでしょう。

医療や介護にかかわる制度は大変複雑で、毎年のようにコロコロと変わります。相談内容が、こうした制度や行政サービスに深くかかわる内容であれば、役所の相談窓口を紹介しましょう。

利用者には、行政、専門家、支援団体などの連絡先を教えてあげるか、施設の場合には、専門家へとつなぐ相談窓口を設けることも有効です。

次項以降は、直接の介護サービスとは関係ありませんが、比較的よく聞かれる法律や制度について解説しています。わかりにくい制度や法律は、利用者や家族にとってはさらにわかりにくいものです。回答には十分注意しつつも、ある程度の知識を持つ努力は必要と思われます。

専門的な内容への安易な回答はトラブルの元！

訪問販売で高額製品を買ってしまったんだけど取り消したい
公正証書遺言の証人になってほしい
後見人になってほしい
・・・
思わぬトラブル発生
介護職員
回答

45 成年後見制度をきちんと理解しておこう

成年後見制度とは、認知症や知的障害などにより、判断する能力が十分ではない方々を法律面や生活面でサポートする制度です。

契約には「判断力」が必要

世の中には、多くの「契約」が存在します。自動車や不動産、デパート、スーパーでの買物等、物の売り買いだけではなく、高齢者の施設入居、介護契約等もすべて契約にあたります。そうした契約を行うには、契約者自身に「判断する能力」（意思能力）が必要となります。具体的には、価格や内容だけではなく、元よりそれが必要かどうかの判断を指します。自分の行動の結果を判断できない場合は、当然損得の判断もつきません。結果、悪徳商法の被害にあってしまうなど、大きな不利益を受けかねないわけです。

成年後見制度は、身上配慮義務（財産状況等、本人の置かれている状況を把握しつつ配慮する義務）をもって判断能力の十分でない方の不利益を未然に防止し、支援するための制度なのです。

判断力のない人が契約したら無効になる？

では、判断能力の十分でない人が行った契約はどうなるでしょう？　答えは「無効となる」です。

無効になった契約は、授受した金銭等の返還はもちろん、状況に応じて損害賠償が発生するなど、大きなトラブルになりかねません。それは施設入居契約など、たとえ本人の利益になるような行為についても同様のことが言えます。

仮に、本人に不利益な契約だった場合、当時判断能力（意思能力）がなかったことを証明するのは非常に困難です。そこで、成年後見制度を利用しておくことで、契約を取り消すことが可能となり、本人の保護につながるというわけです。

「法定」後見制度と「任意」後見制度がある

法定後見制度

■ すでに判断能力が不十分な人に代わり、法律行為を行う、不当に締結された契約を取り消すなどの行為を行う制度

■ 裁判所への申立てにより支援開始・後見人等が選任される

	支援を受ける人	←	支援を行う人
①成年後見型	成年被後見人	←	成年後見人
②保佐型	被保佐人	←	保佐人
③補助型	被補助人	←	補助人

任意後見制度

■ 将来、判断能力が不十分になった時に備えておくための制度

■ 本人と任意後見受任者との二者間の契約をするところから始まる

	支援を受ける人	←	支援を行う人
契約締結時	本人	←	任意後見受任者
契約発行時	本人	←	任意後見人

46 契約時に後見人がいるかを確認しよう

第4章で解説した契約について、注意すべきは何も契約内容だけではありません。業界特有の起こり得るトラブルを把握し、柔軟に対応していくことが非常に重要なことです。

契約時には後見人の有無を確認すること！

介護サービス利用契約の多くは、利用者本人またはその委任を受けた家族が行っているものと思います。その契約に際し、後見制度利用の有無（後見人の有無）をしっかりと確認されていますでしょうか。利用者本人を前にしている場合、なかなかどうして聞きにくい事柄だとは思います。しかしながら、特に介護業界において、それらは切っても切り離せない関係にあります。

仮に利用者が後見制度を利用している場合、判断能力に問題がある状態ということですので、後見人を介さずに単独で完全に有効な契約を行うことはできません。また、そうした状態ですと委任能力もありません。すなわち、家族が代わりに入所契約を行うこともできません。唯一可能なのは、「後見人」が利用者の代わりに契約を行うことのみです。

本来、介護サービスの利用契約とは、利用者が安心して毎日の生活を送ることを目的としています。そのため、たとえ判断能力に問題があったとしても、「あくまで利用者本人のためなのだからよいのではないか？」そう考える人もいるでしょう。

ですが、問題の所在はそこではありません。良し悪しを判断するのは、家族でも施設側の人間でもありません。利用者本人なのです。

結果、後見制度を利用しているにもかかわらず、後見人を介さずに行った利用契約は取り消し得るものとなり、取り消された場合、当然ながらその時点で金銭の授受等があれば清算する必要が生じます。また、状況によっては、責任の所在を求め、訴訟等に発展してしまうようなケースも生じかねないわけです。

契約時は成年後見制度利用の確認をお勧めします。

「後見人はいない」との回答の場合

質問への回答具合で判断能力を調査

- **判断能力が不足**と感じる場合 → 後見制度の利用を促そう
- 一時的に判断能力が回復するなど、まだ**判断能力が完全に不足しているとも言えない**場合 → 判断能力がある旨の診断書を取得したり、医師を同席させたりして、判断能力を担保した上で、契約を締結するという方法を検討したい

家族から「後見人になるにはどうしたらよいか」と尋ねられた場合

親族が後見人になる際のポイント・注意点は？

- 家庭裁判所への申立が必要。(判断能力が不足している)本人の住所地を管轄する家庭裁判所に必要書類等を確認するか、専門家に依頼すること
- 後見人は裁判所が選任する。後見人になりたい人(申立書に記載した候補者)が必ず選任されるとは限らない
- 申立書に記載した候補者が後見人に選ばれないことを理由に、後見開始申立ての取下げは認められない
- 後見人は、家庭裁判所または後見監督人の監督を受ける。求められたら、収支表などの事務報告書を提出しなくてはならない
- 後見人の職務は「本人が死亡」または「本人の判断能力が完全に回復」しない限り続く。介護施設の入所契約等、当初の目的を達成しても職務は終わらない

47 遺言書の作成について相談されたら

遺言書は適正な手順で作成しないと、逆にトラブルの種になります。専門家へ相談しながら作成しましょう。

遺言書の相談を受けたら？

介護現場では、利用者から家族に関する悩みや相談を受けることも多いでしょう。近年のエンディングノートの流行などを受け、ご自身の財産をどう遺すか、遺言書の作成などについても相談を受けることがあるかと思います。

遺言書は、ご相続が発生した際の財産の分け方を決める非常に重要な書類です。後述するように、法律上、税金上の問題を加味した上で作成しないと大きなトラブルに巻き込まれる可能性があるため、相談を受けた場合には軽い気持ちで対応せず、法律の専門家である弁護士や司法書士、税金の専門家である税理士等を紹介して対応を任せるようにします。

遺言書のトラブル①…意思能力の有無

遺言は法律行為ですので、遺言を遺す方の意思能力があることが必須条件です。入居者の方の介護状態によっては作成が困難になるケースも考えられます。意思状態がはっきりしない状態で作成された遺言は確実にトラブルの元となります。

遺言書のトラブル②…遺留分の侵害

相続人は「遺留分」という一定の財産を取得する権利が保護されています。「すべてを○○に相続させる」というような偏った内容の遺言の場合には、他の相続人の遺留分を侵害してしまい、遺言を残したことにより、かえって争いの種を作ってしまう可能性も生じます。遺言を作成する際には、財産の全体額を把握し、遺留分を侵害していないかについて注意しながら作成を進める必要があります。

遺言書のトラブル③…相続税の負担

相続税には税額を大きく軽減できる特例がいくつかありますが、誰が財産を取得するかによりその適用の有無が変わります。遺言を作成する際には将来の相続税負担も考えた上で遺産の分け方を決めないと、場合によっては何千万円も納税額が変わることもあります。

遺言書の種類は3つ

遺言書には「自筆証書遺言」「公正証書遺言」「秘密証書遺言」の3つの種類がありますが、確実にご自身の想いを遺したいのであれば「公正証書遺言」で作成するのがよいでしょう。法律の専門家である公証人を介して作成するため、法的に不備があるようなリスクはなく、また、原本が公証役場に保存されるため、偽造や破棄などのリスクもありません。原則として公証役場に行って作成をしますが、利用者の身体の具合等で出向くことができない場合には公証人に出張してもらうことができることも覚えておくとよいでしょう。

遺言の種類ごとのメリットデメリット

種類	自筆証書遺言	公正証書遺言	秘密証書遺言
メリット	・手軽に作成できる ・作成費用が掛からない	・形式上の不備はない ・原本が公証役場に保存されるため紛失、偽造等の恐れがなく安全	・遺言の存在を明らかにしながら内容は秘密にできる
デメリット	・形式上の不備で無効になる恐れがある ・紛失、偽造等の恐れがある ・相続発生時には検認が必要	・公証人の手数料がかかる	・公証人の手数料がかかる ・形式上の不備で無効になる恐れがある ・相続発生時には検認が必要

48

よく聞かれる相続税のポイントは？

税制改正による増税のポイントと、相続対策としての生前贈与の注意点を理解しておきましょう。

相続税とは

人が亡くなったとき、その人の財産を遺族が取得した際には税金が課税されます。これが相続税です。

相続税には一定の金額までは税金がかからない「基礎控除額」が設定されていますが、この基礎控除額が税制改正により大きく引き下げられたため、平成27年1月1日から相続税が課税される人が大幅に増えることとなりました。また、あわせて最高税率も引き上げられ、全体的に増税方向の改正が行われていると言えます。

相続税の相談で気をつけるべきこと

高齢者である利用者と日常的に接する介護の現場では、利用者自身の財産を子供や孫にどう遺して行くのか、いわゆる相続についての相談を受けることも多いと思います。

相続の話につきものなのが、税金の負担です。最近ではさまざまな節税対策を行う人も多いですが、税制の仕組みを良く理解して対策を進めないと、せっかく行った対策がすべて無効となってしまうこともあります。

税理士以外が税務相談にのることは税理士法違反になってしまうため、個別詳細な相談になった場合には税理士を紹介し、一緒に相談にのっていただくとよいでしょう。

相続税の基礎控除

相続税の基礎控除額は、平成25年度の税制改正により従前の6割の基準に引き下げられ、平成27年以降から「3000万円＋600万円×法定相続人の数」となっています。例えば、相続人が妻と子の合計2人だった場合、3000万円＋600万円×2人＝420

0万円が控除額となり、亡くなった方の財産が4200万円以下であれば相続税はかかりませんが、これを超えると課税されます。

生前贈与の注意点

相続税は亡くなった人の財産に対して課税される税金です。では、亡くなる前に配偶者や子供たちに財産をあげてしまった場合にはどうなるでしょう。

財産をタダであげてしまうと、「贈与税」が課税されます。通常の生活費の範囲内であれば贈与税の対象にはなりませんので、親族間でお金の動きがある場合にはそれが何のお金であるのかを明確にしておく必要があります。親が高齢になると、介護費用など生活費も含め、家族のお金が混ざり合ってしまうことがよくありますが、このような場合もそのお金の使途を説明できないと、贈与とみなされて課税されてしまう可能性があります。

利用者がこのような指摘を受けて困ることがないよう、安易な資金移動は後々トラブルになることをアドバイスできるとよいでしょう。

税制改正のポイント

基礎控除額の引き下げ

従来　**5,000万円＋1,000万円**×法定相続人の数

↓

平成27年1月～　**3,000万円＋　600万円**×法定相続人の数

最高税率の引き上げ

従来　**10%～50%の6段階の税率**

↓

平成27年1月～　**10%～55%の8段階の税率**

相続税を払わねばならない人が増えた！

49 マイナンバー制度導入の影響

2016（平成28）年1月から導入されたマイナンバー制度について簡単に触れておきます。質問や相談も増えそうです。

マイナンバー（個人番号）とは？

マイナンバーとは、国民一人ひとりに振られる固有の12桁の番号のことです。これは「国民の税と、社会保障制度を一括管理できるようにしよう」との目的から導入された制度です。

将来的には、診療記録や銀行等の口座情報と結びつけるとの構想もあります。例えば大規模災害など、すぐに情報が取り出せない状況が起きても、マイナンバーを手がかりに全国どこからでも情報が入手できるようにしたいという国の方針によるものです。

※法人に対する番号については本書では割愛

制度導入の影響

最も注意しなければならないことは、その取り扱い方法です。マイナンバーは「特定個人情報」という位置づけとなり、通常の個人情報よりも高い取り扱いと厳格な運用が求められます。実際、マイナンバーを漏えいし、または不正に使用した場合は、個人情報のそれよりも厳しい処罰規定も設けられています。

介護事業者にとっては、税・社会保険関連の手続きに職員のマイナンバーが必要となります。一方で、職員の側からは、介護保険法施行規則に基づく、①要介護・支援（更新）認定、②居宅（予防）サービス計画作成依頼などについて、利用者のマイナンバーの収集が必要になります。

またこれ以外でも、「保険給付の支給・保険料の徴収に関する事務」においてマイナンバーを利用することが決定していますので、今後その使用範囲はさらに広がることが予想されます。

したがって、マイナンバーをどう収集・使用し、適切に保管、破棄していくかのルール作りを早急に策定するとともに、実際にマイナンバーを取り扱う職員への研修実施（特にケアマネジャーは必須）など、意識関心度を十分に高めて、制度導入の受け入れが可能な環境を作らねばなりません。

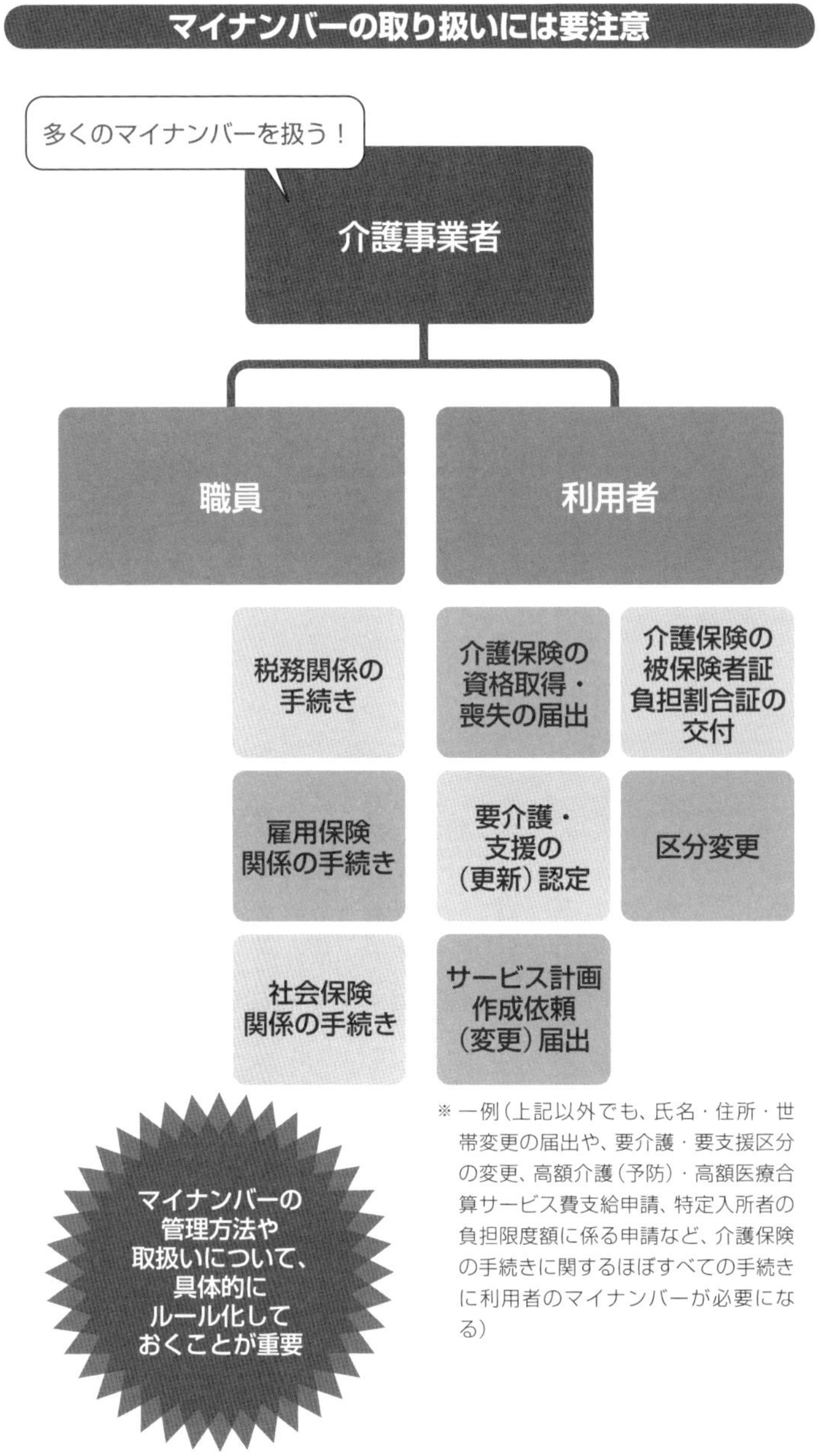

※ 一例（上記以外でも、氏名・住所・世帯変更の届出や、要介護・要支援区分の変更、高額介護（予防）・高額医療合算サービス費支給申請、特定入所者の負担限度額に係る申請など、介護保険の手続きに関するほぼすべての手続きに利用者のマイナンバーが必要になる）

50 利用者・家族の借金問題もトラブルになる

利用者や家族とのお金の貸し借りはもちろんのこと借金問題についても慎重に対処しましょう。

借金問題は特に慎重に

利用者と日々接していると、利用者や家族の収入や資産などについても知ることが多いでしょう。こうした中で、金銭問題、殊に借金問題についてはトラブルに発展することが多く、特に注意が必要です。

介護職員から利用者に対してお金を貸してほしいと頼むことはもちろんダメですが、反対に利用者・家族から頼まれてお金を貸すことも厳禁です。

お金の貸し借りは、きちんと返済できないと他方と敵対する関係になりますので、利用者との信頼関係が壊れてしまいます。そのため、お金の貸し借りは金額にかかわりなく一律に禁止すべきです。当初は少額の貸し借りであったものが、貸し借りを繰り返していくうちに借金が膨らんでいき、返済が困難になっていくのが借金問題の特徴ですから、どれほど少額であっても一律に禁止すべきです。

また、職員が利用者と個人的にお金の貸し借りを行うというのも当然ですが禁止すべきです。

借金問題は弁護士に相談しよう

利用者から個人や家族で抱える借金問題について相談された場合には、弁護士に相談するように促しましょう。弁護士は、借金問題を数多く取り扱っており、金融機関や消費者金融などと交渉して毎月の返済金額を下げたり、場合によっては、裁判所に自己破産を申し立てて借金を免除してもらったりなど、手続きを取ることができます。利用者の借金問題は、職員が抱える問題ではなく、専門家たる弁護士に相談して解決すべき問題と言えます。

なお、数年前までは、消費者金融などに対して、払い過ぎた金利の返還を求めることができる、お金が戻ってくる事案（いわゆる過払い金案件）もありましたが、現在では、金利が下げられていることが多く、過払い金は発生しないケースが大半です。

お金の貸し借りは厳禁！

借金問題が発覚したら

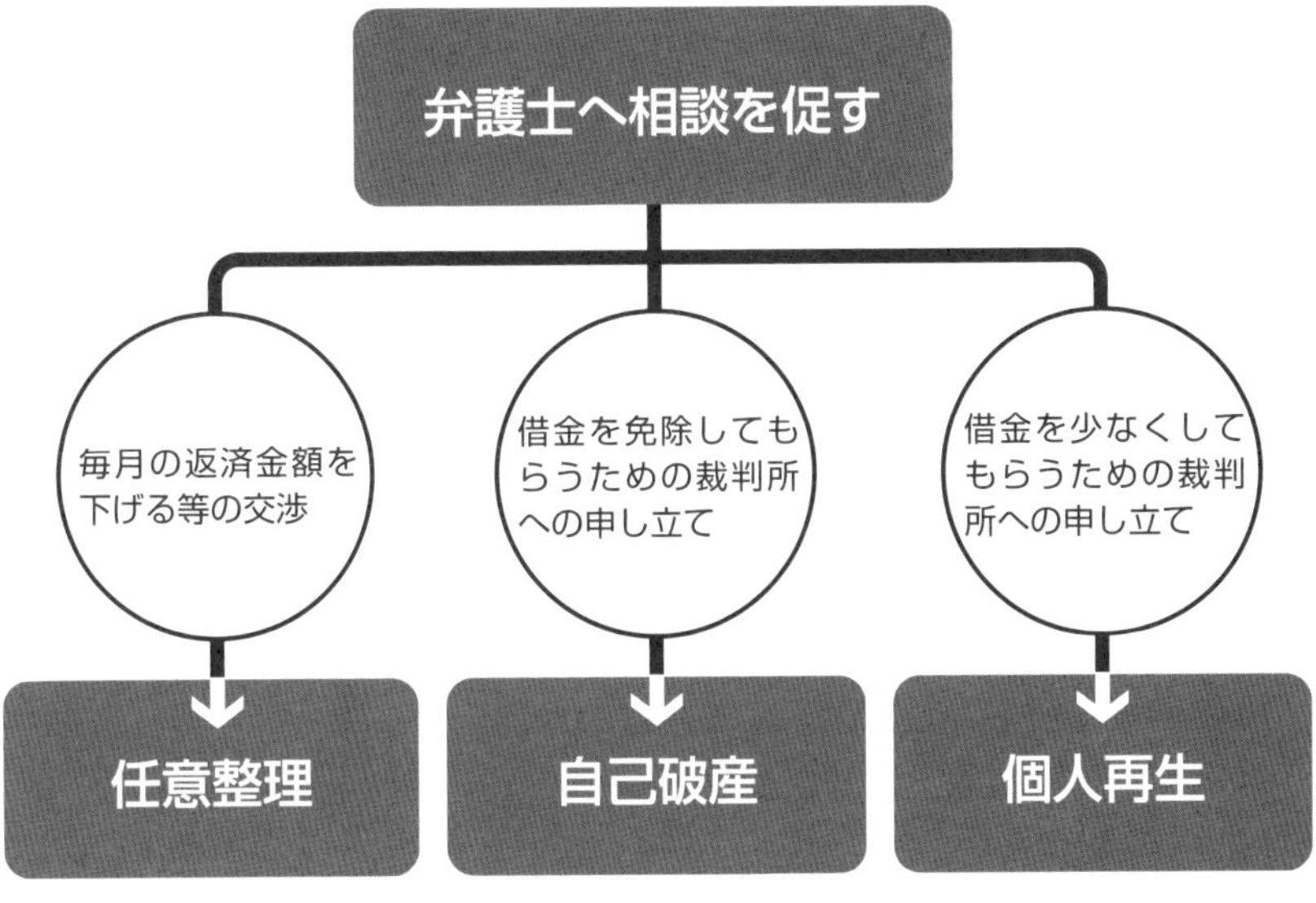

コラム

信頼される事業者・介護職員になるために

信頼を失うのは一瞬、取り戻すのは一生と言いますが、この諺をいつも覚えておきましょう。

ある建設会社が重大な失敗を隠ぺいしていたことが発覚し、一瞬で信頼を失ったことがありました。何年も誠実に仕事をこなし、一定の信頼を得ていた会社です。失敗をした時に正直な対応をすれば信頼を失うことはなかったでしょう。隠ぺいが最悪の事態を招きました。

信頼を得るには長い時間が必要となります。特に介護は「対人サービス」です。相手は65歳以上の要介護高齢者──人生のベテラン。小手先の対応は見透かされてしまいます。事業者も職員も、常に誠実に正直に一生懸命仕事に取り組む姿勢が大事です。

離職と転職

離職率の高い事業所は、信頼を得ることが困難です。「あの施設、職員よく辞めるよね」「また求人誌に職員募集出ていたよ」等の噂はすぐに広まります。

同様に転職を繰り返す職員も信頼されません。業界は狭いので「あの人、今度○○事業所へ移ったらしいよ」等の話も出ます。〝石の上にも三年〟と言いますから、信頼を得るには、ある程度の在籍期間が必要です。

口は災いのもと

信頼を失ったり誤解させたりする原因の1つに「言葉」があります。自分は軽い冗談のつもりでも、相手は傷つくこともあります。さらに陰口も信頼を失います。「あの人さぁ、○○なんだよね」等と陰口を言うと、知らない間に噂が広まって自分が悪者になったりします。口は災いのもととしっかり覚えておきましょう。

おわりに――介護業界の今後の展望

厚生労働省によれば２０２５年（平成37年）には団塊の世代が75歳以上となり、３人に1人が65歳以上、5人に1人が75歳以上になるとのことです。今後、高齢化が進むと介護を必要とする方がますます増加しますが、現在の提供体制のままでは十分対応できないと見込まれています。

介護については、さまざまな不安――重度の要介護者となったときに、一人暮らしや老夫婦だけの世帯であっても安心して暮らすことができるか、家で暮らすことができなくなった時の施設が十分にあるか、認知症になっても地域で生活を続けていくことができるか、などがあります。

厚生労働省によると、過去3年間の介護保険の年間実受給者数は、平成24年度約５４３万人、平成25年度約５６６万人、平成26年度約５８８万人と約20万人ずつ増加しています。一方、新規に開設された事業所数は、平成25年から平成26年までの1年間で約1万８５００事業所でした。毎年増加する約20万人を1万８５００事業所で割ると、1事業者あたりの利用者数は、10・８人。つまり、受給者数が増加していても、運営上必要な利用者の確保が困難になるということです。

このように、今後も同様に新規事業所が増加するならば、新旧事業所は今まで以上に利用者確保に努力をしなければいけない時代になると言えるでしょう。

国は、２０２５年（平成37年）を目途に地域包括ケアシステムの構築を目指しています。そのため平成29年4月までに、全ての市町村で新しい介護予防・日常生活支援総合事業が実施されます。予防給付においては、訪問介護・通所介護サービスの種類・内容・各基準・単価等が全国一律になっていましたが、今後は市町村が地域の実情に応じ、効果的かつ効率的にサービスを提供できるようになります。

こうした変化の影には、大きなチャンスが隠れているものです。時代の流れに乗ることができれば収益を上げることもできるでしょう。本書を参考に、事故やトラブルのない、地域に愛される事業所を目指してください。

２０１６年３月　監著者　小林彰宏

編集

大坪 孝行（おおつぼ・たかゆき）　株式会社アンサーブ 代表取締役

1978年生まれ、福岡県福岡市出身。2010年12月に㈱アンサーブを設立。異業種からの介護業界参入サポートや、介護施設のM&Aに携わっており、介護コンサルタントとしての信任が厚い。設立後数か月で1万人規模のファッションショーに出展したアパレル企業や、設立後2年で4店舗を構える美容室、日本初来日のK-POPグループの全国ツアーなどその功績は他の追随を許さない。人脈形成術やリスク管理に特に定評があり、静岡県介護福祉士会や千葉県社会福祉協議会からの要請により「介護職員のための法律セミナー」の開催実績を誇る。

連絡先 〒274-0060 千葉県船橋市坪井東5-5-27　株式会社アンサーブ
TEL:047-498-9262　URL:http://answerve.co.jp/

尾形 壮一（おがた・そういち）　司法書士

1980年福岡県若宮町（現宮若市）出身。大学卒業後入社した会社が僅か2年で倒産。一念発起し士業の世界へ足を踏み入れることを決意する。その後、都内の司法書士事務所にて銀行業務を中心に約1年半、千葉県内の司法書士事務所にて不動産決済、債務整理業務を中心に約3年半稼働、平成24年8月に埼玉県川口市で司法書士九九法務事務所を開業し、現在に至る。
開業後はそれまでの業務に加え、会社法人登記、成年後見業務等、さらに活動の幅を広げ、日々、顧客の「さて、困った」を全力でサポートしている。平日はもちろんのこと、土日祝日の対応も可能であり、相談は無料。「出張相談も対応可。お気軽にご相談ください。」
執筆担当:第5章（共著）

連絡先 〒332-0034 埼玉県川口市並木4-20-11 新井店舗1階103号　司法書士九九法務事務所
TEL:048-255-3400　URL:http://99help.info/

野上 浩二郎（のがみ・こうじろう）　税理士

1979年神奈川県川崎市生まれ。幼少時代はオーストラリア、メルボルンにて過ごす。麻布高校卒業、慶應義塾大学卒業。大学卒業後は、「相続」を専門とする大手税理士法人にて勤務。都市銀行の事業承継専門部署への出向を経て、2012年に独立。東京、吉祥寺にて「相続」「事業承継」を専門に扱う、税理士法人アンサーズ会計事務所を設立。日々、資産家や中小企業オーナーの悩みの解決に全力を尽くしている。税務のセミナー、相談会等は年に30回以上行っており、難しい税法を一般の方にわかりやすく説明することに定評がある。
主な著書に、『専門家のための事業承継の実務』（翔泳社）、『金融マン必携！相続税実践アドバイス』（共著・執筆責任者、東峰書房）、『事業承継の失敗事例33』（共著・東峰書房）。主なセミナーに、都市銀行主催の税務セミナー、大手不動産会社主催の税務セミナー、大手住宅メーカー主催の税務セミナーなど。その他自社主催の税務セミナーも多数。
執筆担当:第5章（共著）

連絡先 〒180-0005 東京都武蔵野市御殿山1-4-20 服部ビル2F　税理士法人アンサーズ会計事務所
TEL:0422-24-7013　URL:http://www.ans-tax.jp

藤本 孝雄（ふじもと・たかお）　社会保険労務士

1978年千葉県柏市出身。株式会社NTTデータのグループ会社の人事部在職中に社会保険労務士合格する。その後、社会保険労務士事務所勤務を6年経験し、2014年に事務所を開業し現在に至る。
「従業員が働きやすい環境を作り、その結果が売り上げ増にも結び付き、経営者にも利益をもたらす」という考えのもと、業種や企業規模に応じた労務相談を得意とする。事務所開業後は、助成金制度もうまく活用した制度設計の提案活動や介護事業に特化した相談業務を展開している。
主なセミナーに「新規設立に必要な労働保険・社会保険の知識」「介護事業を始めるには～指定申請手続きの全て」「マイナンバー制度、本当に対策は必要なのか」など多数開催。
執筆担当:第5章（共著）

連絡先 〒262-0022 千葉県千葉市花見川区南花園2-5-4 須山ビル503 ウイング労務管理事務所
TEL:043-216-4152　URL:http://wingjimusyo.com

監著者

小林 彰宏 (こばやし・あきひろ)　　公益社団法人日本介護福祉士会 理事

1964年静岡県静岡市生まれ。大学卒業後高校教員として勤務。介護保険が始まりチャンスと捉え転職。施設等で介護の基礎基本、根拠、経営運営を徹底的に習得。その後、資格・知識・技術・法律・人脈を活かして独立。デイサービス、訪問介護、高齢者グループホーム、介護付き・住宅型有料老人ホーム、小規模多機能型施設、サービス付き高齢者向け住宅、ケアマネ事業所など、介護保険サービス事業の開業支援、経営立て直し、運営支援を数多く手がける。現在、ケアマネジャーとして奮迅しつつ、「小林式介護事業者向け管理力メソッド」を活用し、介護関連研修講師、介護事業及び介護リスクマネジメントのアドバイザーとして幅広く活躍。
公益社団法人日本介護福祉士会 理事任期2014年5月～2016年5月。
一般社団法人静岡県介護福祉士会 副会長、静岡市介護認定審査会 委員、NPO法人静岡県介護支援専門員協会 生涯研修体系検討委員会 委員、株式会社はるな 代表取締役。
執筆担当：第1章、各章末コラム

連絡先　〒274-0060 千葉県船橋市坪井東5-5-27　株式会社アンサーブ 介護事業部
TEL：047-498-9262　Mail：info@answerve.co.jp　URL：http://www.answerve.co.jp/

著者：介護リスクマネジメント研究会

初澤 寛成 (はつざわ・ひろまさ)　　弁護士

依頼者や相談者を法律事務所に呼ぶ弁護士が多い中、積極的に依頼者を訪問して相談に応じるフットワークの軽さ、メールや電話のレスポンスの早さから事案に応じて土日や夜中でも対応するスピード感の良さを大事にしている。取扱業務について、個人からの依頼は、相続と交通事故に特化しているため、この2分野の相談件数や受任件数は圧倒的。また企業法務は、大手法律事務所での勤務から現在に至るまで企業法務を中心として弁護士業務を行っており、中小企業から上場企業まで企業規模を問わず、幅広い業種にも対応が可能。また、会社の設立段階からの依頼も多く、各会社の成長ステージに応じた法律業務に対応できる。
主な著書に『初級ビジネスコンプライアンス―「社会的要請への適応」から事例理解まで』（東洋経済新報社）、『増資・減資・自己株式・新株予約権』（税務経理協会）。セミナーも「介護と法律」「下請法講習会」「相続トラブルの勘所」などのテーマで多数開催。
「税理士や社会保険労務士など他の士業とのネットワークも豊富ですので、どこに相談に行ったらいいかわからないという方々にとっては、法律相談のポータルサイトとしてまずはお気軽にご相談ください。」
執筆担当：第2章(共著)

連絡先　〒160-0023 東京都新宿区西新宿7-15-1 アパライトビル6階 法律事務所フラッグ
TEL：03-5537-7400　URL：http://flag-law.com

浅野 英之 (あさの・ひでゆき)　　弁護士

企業に起こる法律問題に関する相談を数多く受け、その中でも特に労働問題、人事労務を専門的に取扱う。企業の人事制度のあり方、より良い労務管理、従業員との間のトラブルへの対応等の人事労務に関する弁護活動の経験を豊富に持つ。近年の労働法分野における度重なる法改正に向け、顧問先企業をはじめとしたお客様のニーズに添えるよう、たえず最新情報の発信に努めている。浅野総合法律事務所を設立後、契約交渉、債権回収等、労働問題以外の分野においても幅広いサービスを提供。
多種多様な業界に数多くの顧問先企業を有し、スタートアップ企業に対してもリーズナブルな価格で顧問弁護士サービスを提供する等、ベンチャー企業のリーガルアクセスの向上に尽力する。
執筆担当：第2章(共著)

連絡先　〒160-0003 東京都新宿区本塩町9　光丘四谷ビル8階 浅野総合法律事務所
TEL：03-6274-8370　URL：http://asano-lawoffice.com/

安藤 晃一郎 (あんどう・こういちろう)　　弁護士・不動産鑑定士

「介護分野は、様々なトラブルや事故と隣り合わせであり、法的サポートが必要な分野です。しかし、法的なサポートを受けられる体制が整えられておらず、十分な法的サポートが受けられていない状況です。私は、弁護士として、このような介護の状況を改善すべく、介護関係者の皆さまのお役に立ちたいと願っています。
トラブルや事故の発生を防止するための方法やトラブルや事故が発生してしまった場合の対応策など介護関係者に皆さまにとって必要な情報を提供する各種セミナーを開催したり、介護にまつわる法的なトラブルに関する相談にも日常的に対応したりしておりますので、お困りのことがありましたらご相談ください。」
主な著書に『賃貸トラブル　法律知識&円満解決法』（共著・日本実業出版社）。セミナーに「介護職員が知っておきたい法律知識」（平成26年10月静岡県介護福祉士会主催）、「介護職員のための法律セミナー」（平成27年2月千葉県社会福祉協議会主催）など。
執筆担当：第3章、第4章、第5章(共著)

連絡先　〒107-0052 東京都港区赤坂4-3-1 共同ビル5階　中島・彦坂・久保内法律事務所
TEL：03-3586-8025　URL：http://www.yachingengaku.jp/

装丁	河南 祐介（FANTAGRAPH）
カバーイラスト	高橋 将貴
DTP	株式会社シンクス

これならわかる<スッキリ図解>介護事故・トラブル

2016年3月14日　初版第1刷発行

監著者	小林 彰宏（こばやし・あきひろ）
著者	介護リスクマネジメント研究会
発行人	佐々木 幹夫
発行所	株式会社 翔泳社（http://www.shoeisha.co.jp）
印刷・製本	大日本印刷 株式会社

本書へのお問い合わせについては、2ページに記載の内容をお読みください。

造本には細心の注意を払っておりますが、万一、乱丁（ページの順序違い）や落丁（ページの抜け）がございましたら、お取り替えいたします。03-5362-3705までご連絡ください。

ISBN978-4-7981-4456-6　Printed in Japan